JN123893

とっとり SDGs

Tottori Sustainable Development Goals

もう始まっている
地元企業の取組みを
紹介します

あたりまえの今日が
続いていくことを願って

柳谷由里

SUSTAINABLE DEVELOPMENT GOALS

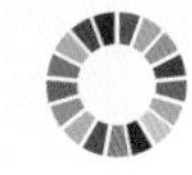

まさにSDGsど真ん中！
本業だけでは終わらない取組みの数々

愛ファクトリー株式会社

従業員による海岸清掃

植物工場

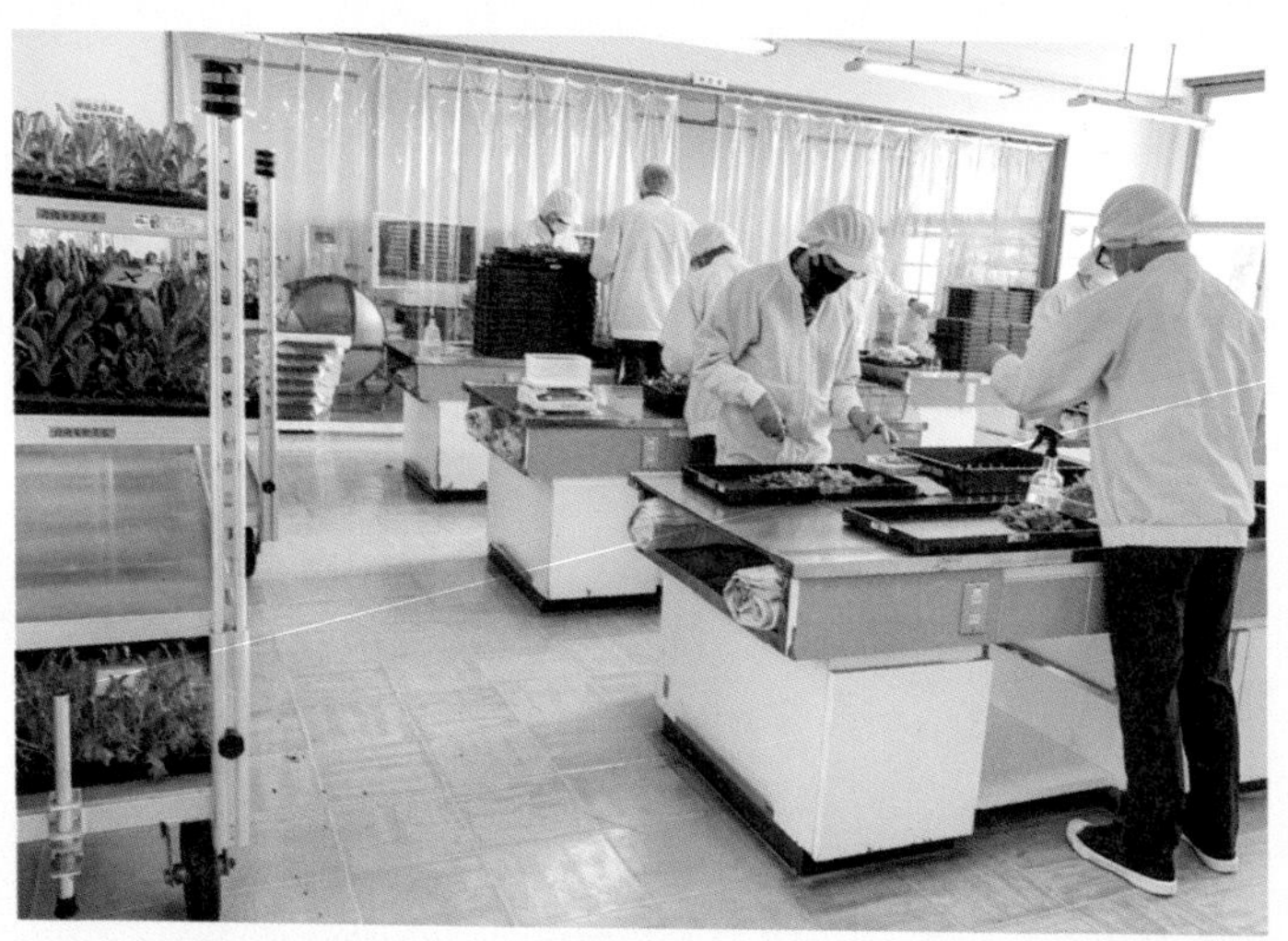
植物工場

企業はSDGsをやるのが当たりまえ！すべての事業は社会に貢献していく時代へ

株式会社アクシス

フードロスと子ども食堂の支援に取り組むAxisのやさい

地域生活を支えるプラットフォームサービス「Bird」

スポーツで地域を元気に！ Axisバードスタジアム

インパクトがあって面白い！
子どもが笑顔になれるSDGsを

学校法人かいけ幼稚園

園児による海岸清掃

「心正の森大合戦」里山再生を手伝う園児

「心正の森大合戦」里山再生を手伝う園児

園の玄関にあるSDGs絵本コーナー

園の先生が創作したSDGsビンゴ

古くなった園児バスをリサイクルランドとして活用

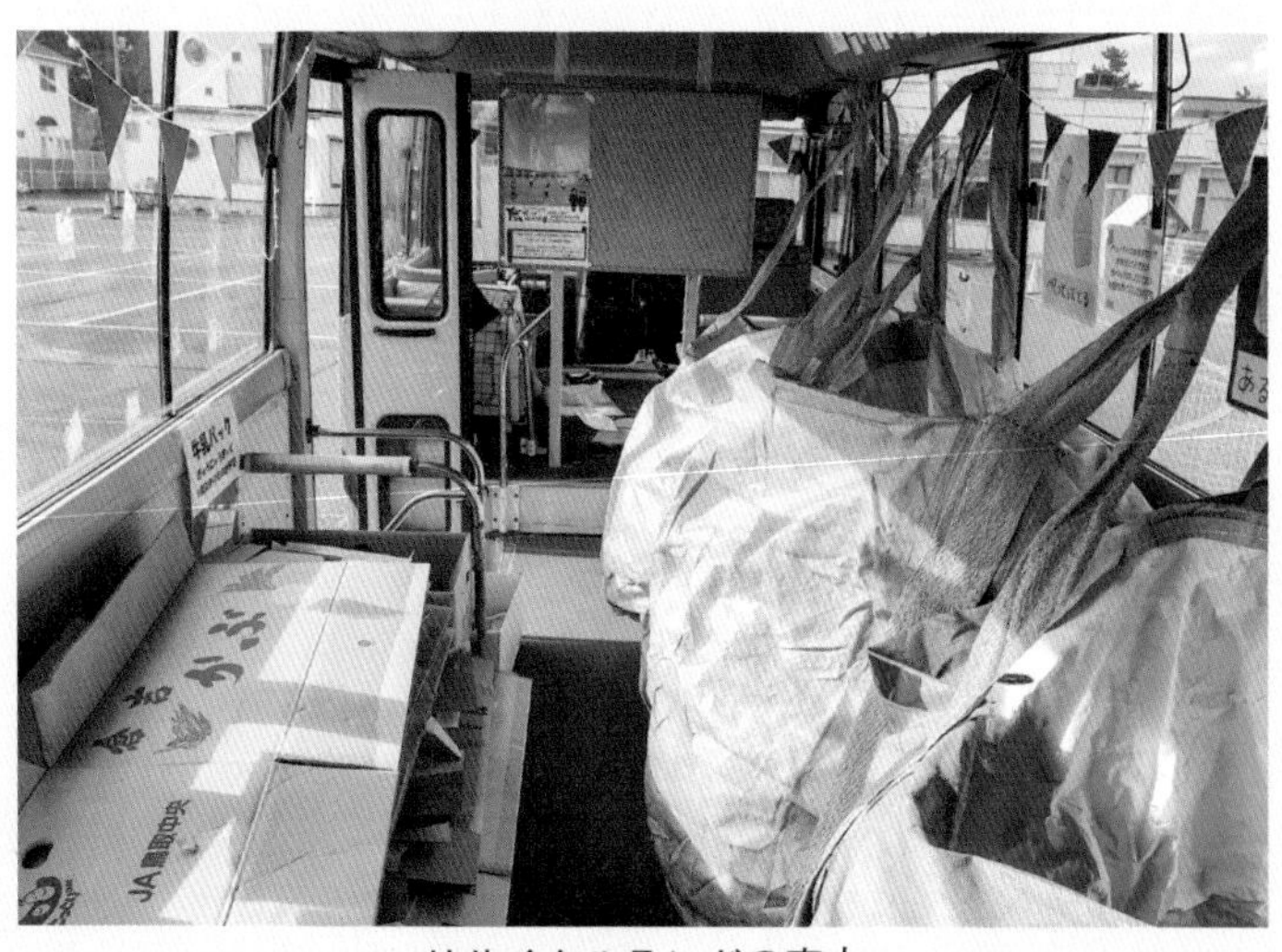

リサイクルランドの車内

「なくてはならない企業」へと進化するために、SDGsに取り組んでいく

三光株式会社

ウェストバイオマス工場 堆肥化プラント

リサイクル商品（RPF）

工場からの排熱を活用したキジハタ養殖

海ぶち陸上養殖

従業員による環境ボランティア

緊急事態発生時における協定書

潮見工場　大型PCB解体処理場

SDGsには、数字で計れない
メリットがたくさんあります

流通株式会社

ランドセル譲渡会

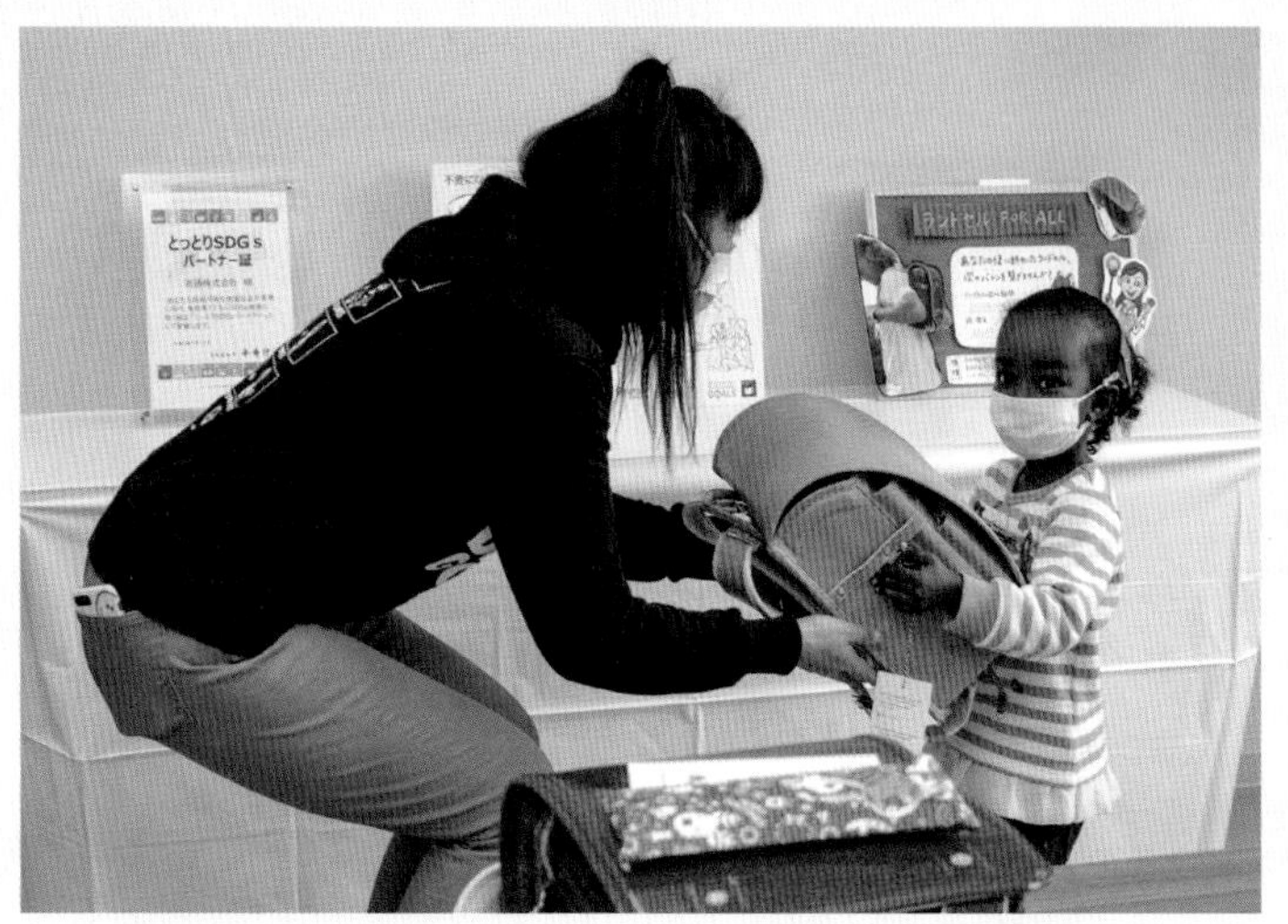

ランドセル譲渡会で自分で選んだランドセルを受けとる子ども

赤チェックのユニフォームを着た流通スタッフ

鳥取でやれるSDGsは こんなにあります

学校法人 柳心学園

古着deワクチン

クリアファイルリユース

バナナペーパーを使った名刺

ユニセックス制服

LGBTQウェルカムグッズ

大型特殊車の安全運転者育成

普通車の安全運転者育成

産業免許スクールドローン安全大学校のドローン講習

給付型奨学金事業「フューチャーとっとり奨学金」の授与式

目次

第3部 SDGs先進県として考えるこれから

はじめに

経営の根幹へのSDGs導入
―SDGsに思うこと―

私は、昭和37年（1962）6月に米子市皆生に、父中と母由美子の長女として生まれ、一人っ子として育ちました。今振り返ってみると、家族が愛情をそそいでくれたことが自己肯定感の基礎となったことを、感謝しております。

小学生の頃は、外遊びが好きで放課後になると近所の松林や防空壕で缶蹴りやかくれんぼをしていました。中学生になってからは吹奏楽部でフルートに魅了され、毎日部活に一生懸命取り組みました。米子西高へ進学して、高校生までを米子市で過ごしました。高校卒業後は、都会への大いなる憧れがあり、両親の反対を押し切って東京の大学へ進学しました。東京での大学生活は様々な刺激があり楽しい日々でした。

大学の推薦もあり、社会人としての初舞台は株式会社吉野家の総務部でした。ここで出会った総務の先輩の前山茂子さんの指導は、仕事人としての基本が詰まっていて人生に大きなプラスとなっています。仕事とは……？　責任とは……？という原点となる捉え方が身に付きました。働くことは〃傍(はた)の人を楽(らく)にする〃ことであると教わりました。当時の私は、自分が楽することばかりを考えていましたので、目からウロコが落ちる思いをしたことを思い出します。何も分かっていない私を指導して下さった吉野家の諸先輩方には感謝の思いしかありません。私にとって、2年弱の短いけど中身の濃いOL経験でした。

その後、24歳で家庭に入り25歳で娘を出産しました。大学からの9年間を東京都内ですごし、米子の実母の病気をきっかけに平成3年（1991）に生活の拠点を米子へ移しました。娘が3歳の春でした。その年の秋に残念ながら実母は他界しました。その後、娘が小学校の高学年になるタイミングの平成11年（1999）から、約12年ぶりの就業としてパートで米子自動車学校へ勤め始めました。そして、父が他界した平成12年（2000）から正社員となりました。経理課長・専務を経て平成

16年（2004）から理事長職に就いています。その20年の間に業界を取り巻く環境は大きく変化しました。少子化の進行で18歳人口が減少し、普通車の免許取得者が年々減り続けています。加えてリピーター育成が難しい教習所業界の特性を知れば知るほど、この先は多角化が必須である！との信念をもって経営してきました。その結果、米子自動車学校・ロジスティックヨナゴ・ドローン安全大学校・AIC After School YONAGO・学童保育ミライエ・プログラミング教育HALLO柳心学園住吉校・米子ファッションビジネス学園・よなご中央高等学院の8つの人財育成事業を行っています。組織の舵取り役として、時代をよみながら近未来に備えていくことを意識してきました。そこでの様々な出会いが今日の私の財産となっていることは自明です。スタッフをはじめとした周囲の人に恵まれて、充実感に満たされた経営者であることを幸せに思っています。

この18年間の中小企業経営者の経験からごく自然に、企業が発展するにはSDGsへの参画は必須である！という強い思いを持ちました。企業は地域にとって役立つ存在でなければなりません。その果たしている役割については、納税・雇用・社会経済のインフラ等、様々なことがあげられますが、それ以前の存在を左右するものとしてＳＤＧｓが関わってきます。健全な地球を保つことができて、はじめて企業が存続できるのです。すなわち健全な地球を守るためにＳＤＧｓに取り組むということなのです。企業規模に関わらず、ＳＤＧｓの活動はどのような組織でもできます。それは、ほんの小さな取組みだったりするのです。企業の皆様が、また個人のお一人おひとりが、ＳＤＧｓといわれる何かをやってみようかなぁ……と思っていただけるきっかけになれば嬉しいと思い、このたび「とっとりＳＤＧｓ」を発刊することとなりました。

私が初めてＳＤＧｓという言葉を耳にしたのは、平成30年（２０１８）に金沢市で開催された第28回経済同友会全国セミナーでした。持続可能な地域社会をいかにつくっていくのか?というテーマで、ちょうど「持続可能な……」という表現を聞くようになった頃でした。

企業は社会構成の上で不可欠な存在です。ましてや中小企業は地域と共にあります。地域が発展すれば企業も栄えます。経営者として、組織の永続は最大の課題である、と位置付けて取り組んできた私にとって、ＳＤＧｓは自社について再考するきっかけとなりました。

それはまさに、「地球が元気でなければ、あなたの会社も元気でいられませんよ！」と天の声が聞こえたかのようでした。

これが転機となり、「世の中のために何ができているのだろうか？」「地域貢献になることはもっとあるのではないだろうか？」「自社の取組みは？」「家庭生活の場としては？」「私個人でできることは？」と考えるようになりました。

時を同じくして、買い物にはエコバッグを使うことで海洋プラスチックごみの削減につながることが報道されたり、エシカル消費の勉強会が行われたりと地球環境に配慮が必要だという発信があちらこちらで散見されるようになりました。

また、地球温暖化に伴いオーストラリアでは大規模な山火事が発生し、カンガルーやコアラたちが犠牲になる痛ましいニュースが報じられました。中には、温暖化による気温変化に適応できず絶滅する植物も出てくるかもしれません。そして、その植物に依存している動物にも大きな影響が及ぶことでしょう。

私たちは、いつまでも現在の環境が続くはずであるとどこかで思い込んでいたのではないでしょうか。あたりまえの今日は、ずっと続いていくであろうと……。

身近なところで言えば、「四季折々の美しさを見せてくれる大山はずっと変わらない!」「白砂青松の山陰の海はいつまでも豊かな海の幸を届けてくれる!」と勝手に思い込んでいたのではないでしょうか。これらの自然の恵みは、決して永遠のものではなく、私たち人間が、かなりの努力をしないと維持できないことをSDGsに教えられました。次世代の子どもたちへ安心して暮らせる地球を遺(のこ)すことは、一人ひとりが「努力」しなければならないことなのです。

この事実をこの本の読者の皆様と共有できれば最幸です。

この本は次のような構成になっています。

第1部で、実際に学校法人柳心学園で取り組んでいることを掲載しています。取組みのヒントが見つかれば幸いです。

第2部は、鳥取県内でＳＤＧｓに先進的に取り組んでおられるすばらしい企業様を訪問した内容を掲載しています。あの会社もなのか……と身近に感じていただけたら幸いです。

第3部では、私たち鳥取県民の頼もしいリーダーである平井伸治知事のＳＤＧｓへの思いや経験をお聞きしています。そして、知事の思いを実行される鳥取県ＳＤＧｓ推進課の取組みもお聞きしました。行政との連携を感じていただけたら幸いです。

この本が、読者のみなさまが地域を愛する思いを再発見するための一助となりましたらこの上ない幸せでございます。

とっとりＳＤＧｓ伝道師
学校法人柳心学園理事長　柳谷　由里

第1部

柳心学園とＳＤＧｓ

第1章

経営にSDGsを導入するまでの道のり

令和3年（2021）秋にイギリスで開催されたCOP26が閉幕し、「グラスゴー気候合意」が採択されました。産業革命前と比較し、世界の平均気温上昇を1.5度に抑える努力を追求することが合意され、画期的と感じています。

また、気候変動の主要因となっている化石燃料の削減を求めた点でも大きな前進と言えそうです。

しかしながら、日本が石炭火力発電に頼り切っている現状では、将来的に日本に対する風当たりが強くなっても仕方ないでしょう。

身近な体験でも、台風の大型化で大雨・長雨が続くようになり、私たちが住む山陰でも災害が増えました。

温暖化で本来できていた作物ができなくなったり、出来が悪くなったというニュースもよく耳にします。

今回のCOPにおいても各国が立場の違いや先進国、発展途上国など化石燃料への依存度も異なる中で、年平均気温1.5度という厳しい目標が定まったことは意外に感じました。逆に、皆が以前よりも今後の気候変動に危機感を持っているんだな、と若干怖くもなりました。


このような状況下では、国などの大きな単位ではなく、私たち一人ひとりが「できることを」「できる範囲で」実行していくことが地球を守る近道となるんだろうな、と思います。企業という単位で気候変動から地球を守ること、さらに拡げてSDGsの活動に協力していくのは企業＝社会の公器という観点からも当たりまえと考えます。

特に当学園の祖業は自動車学校ですが、全国に1，200以上もある自動車学校、自動車教習所の中でも学校法人形式をとって経営しているところはごく少数で、ほとんどは株式会社です。

私の祖父が始めた事業ですが、当時、来たるべきモータリゼーションの時代に安全な運転者を育成するという社会的な使命感が祖父を動かしたのだろうと思います。

学校法人の基礎は「寄附行為」です。学校法人に日頃関わりのない方はご存知ないかもしれませんが、いわゆる「定款」のように、学校法人の根本規則など基礎的な部分の取り決めが記されているのが「寄附行為」なのです。

ではなぜ「寄附」なのか、というと、自動車学校を運営するうえで必須な広い土地、多数の教習車両、このような財産を祖父が寄附することで始まった事業だからです。

株式会社と異なり、私も創業家ですが株式など保有していませんし、大きな利潤を出して株主に配当することなどもございません。

また、法人が合併や破産等で解散する場合の残余財産は、県へ帰属することになります。

このような学校法人という成り立ちが大きく影響していますが、パブリック、いわゆる「公」の意味合いが強い当学園なのです。

そういった祖父の時代からのバックボーンがあるので、ＳＤＧｓという概念に親和性が高かったですし、私が、「ＳＤＧｓを経営の柱に」という天啓を受けたのも不思議ではない気がします。

学校法人 柳心学園

〔所在地〕〒683-0845
鳥取県米子市旗ヶ崎２丁目15-1
〔設　立〕昭和30年（1955）８月11日
〔事業内容〕人生を豊かにする教育事業
（運営しているスクール）
・米子自動車学校
・ロジスティックヨナゴ
・ドローン安全大学校
・AIC After School YONAGO
・学童保育ミライエ
・プログラミング教育HALLO 柳心学園住吉校
・米子ファッションビジネス学園
・よなご中央高等学院
〔従業員〕87名
〔HP〕www.ryushin.ac.jp

第2章

鳥取でやれるSDGsはこんなにあります
―施策事例紹介―

SDGsの取組み

「健全な地球にこそ、健全な企業が育つ」という私の思いを全スタッフで共有しながら、柳心学園の経営を2020年度から大きくSDGsの方向に舵を切りました。

以下、具体的な各種施策について述べさせていただきます。

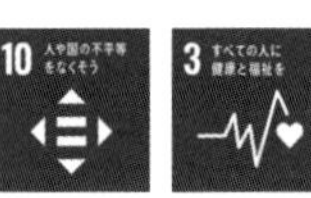

古着deワクチン

各家庭に必ずある着なくなった服、これを世の中のために活かそうと職員から広く古着を回収して「古着deワクチン」に寄付しています。

最近では、お取引先の方も古着を届けて下さるようになり、嬉しく思っています。

「古着deワクチン」は、日本リユースシステム株式会社、株式会社リクルートマーケティングパートナーズ（ゼクシィＢａｂｙ）、認定ＮＰＯ法人　世界の子どもにワクチンを　日本委員会で共同企画しています。また活動が高く評価されて、第３回ジャパンＳＤＧｓアワード特別賞「ＳＤＧｓパートナーシップ賞」を受賞しています。

簡単に仕組みについて説明すると、まず、専用の回収袋を購入します。それに不要になった衣服を詰め込み、送り返すと、認定ＮＰＯ法人世界の子どもにワクチンを日本委員会を通じて開発途上国の子どもたちにポリオワクチンが届けられ、一口につき５人の命を救うことができます。

当学園でもこのシステムを利用し、スタート以来計14口収集、発送し、計70人分のワクチンを届けられた計算になります。これからも社内に常に回収袋を置き、古着でいっぱいになったら送る活動を続けていきます。

法人としての雇用創出

当学園は、祖業の「米子自動車学校」以外にもフォークリフトやドローン講習の

「産業免許スクール」「AICアフタースクールYONAGO」「米子ファッションビジネス学園」などの学校を運営しております。

令和4年（2022）5月現在で80人の従業員を雇用しており、田舎の小都市において「雇用創出」という企業に課せられた最大の地域社会への貢献を果たしております。

フューチャーとっとり奨学金

〝鳥取を元気にする〟をテーマとしてエッセイ、YouTubeなどの動画、パワーポイントなどプレゼンファイルのいずれかを提出していただき、審査を行い、各回1人の受賞者を決め、返済不要の奨学金を付与するシステムです。金額は「ヨナゴ（475）」にちなみ47万5,000円です。2020年12月から始めたこの奨学金は、2022年6月時点で第4回まで終了し、4人の受賞者を輩出しております。

第1回目はエッセイで5人から応募がありました。

1人目となった受賞者は、堀尾月奈（ほりおるな）さんでした。米子市出身の彼女の入賞作品はエッセイで、内容としては「野球チームを立ち上げ独立リーグへの参入を目指す」でした。彼女のバックボーンである高校での3年間の野球部マネージャーの経験や、奨学金付与のタイミングで進学した関西大学経済学部での経済学の勉強と、野球部のマネージャー等から米子の地域活性化プランとしての独立リーグ構想が面白い、と審査員の皆さんに好評で受賞されました。

奨学金は、PC、寮での生活家電、入学式スーツ等の購入に使っていただき喜んでいただいたところです。

第2回目はエッセイで10人から応募がありました。

2人目の受賞者は松田彩子（まつだあこ）さんでした。米子市出身で20歳、奨学金付与のタイミングでイギリスのサセックス大学に入学されています。

作品はエッセイで、現在の公教育における英語教育の手法に疑問を持ち、自らが海外の大学で学ぶことでそのエッセンスを持ち帰り、米子市で教育の現場でそのエッセンスを生徒に伝えていきたい、という内容でした。奨学金はサセックス大学への留学費用に活用されました。

３人目は木村穂乃花さんでした。米子市出身で応募当時は、香川県で医学部臨床心理学科に在籍されていました。２０２２年度に鳥取大学医学部大学院に進学が決まっており、特に心理学の面でアカデミックの世界で知見を深め、卒業後は米子市民の皆様に対して人間心理に深い知見を持つ立場で貢献したい、との強い意思を持っておられ、奨学金付与対象者として選出されました。

第３回は計22件もの作品応募があり、内訳としてエッセイ14件、パワーポイント４件、ＹｏｕＴｕｂｅによる動画４件でした。

４人目の受賞者は上根直也さんでした。第４回は過去最多の31人から応募がありました。上根さんは鳥取県鳥取市出身で、応募当時は東北大学大学院に在籍しており、世界中の科学者らと半導体の研究をされています。自身の経験を元に、活動を鳥取県の学生に伝えることで、未来を担う彼らの進路選択の幅を広げたい、という思いが評価され第４回の受賞者に選ばれました。

奨学金は、オランダのアイントホーフェン工科大学と国際共同研究をするための滞在費用に充てられ、半導体の研究に励んでいかれるそうです。

フューチャーとっとり奨学金「フレンズ」企業様 一覧

（令和４年８月現在）

企業名	代表者
旭ビル管理株式会社	代 表 取 締 役　中村　輝彦
株式会社石田コーポレーション	代表取締役会長　石田　康雄
一冨士フードサービス株式会社	代表取締役社長　大西　博史
株式会社稲田本店	代 表 取 締 役　成瀬　以久
株式会社エミネット	代表取締役社長　内田　幸男
株式会社小田原工務店	代 表 取 締 役　小田原　勤
有限会社皆生菊乃家	若　女　将　山崎裕美子
学校法人かいけ幼稚園	理　事　長　秋田　昌志
KIRUE	代　表　藤田　浩平
株式会社ケイズ	代表取締役社長　松本　啓
株式会社ＫＯＡ	代表取締役社長　小西　慶太
株式会社山陰合同銀行	取 締 役 頭 取　山崎　徹
山陰酸素工業株式会社	代表取締役社長　並河　元
山陰信販株式会社	代表取締役社長　青山　隆一
株式会社山陰放送	代表取締役社長　坂口　吉平
有限会社静間	代 表 取 締 役　森　由美子
株式会社島根銀行	取 締 役 頭 取　鈴木　良夫
島根電工株式会社	代表取締役社長　荒木　恭司
株式会社ジョイアーバン	代表取締役社長　宇田川正樹
株式会社中海テレビ放送	代表取締役社長　加藤　典裕
株式会社中国銀行	取 締 役 頭 取　加藤　貞則
東亜青果株式会社	代表取締役社長　秦野　博行
株式会社ファーストプライズ	代 表 取 締 役　伊藤　安二
株式会社ホクニチ	代表取締役社長　酒井　昭徳
松川商事株式会社	代表取締役社長　松川　優介
株式会社目久美	代 表 取 締 役　野上　一成
米子信用金庫	理　事　長　青砥　隆志
株式会社米子青果	代表取締役社長　上田　博久
株式会社米子マツダ	代表取締役社長　吹野　正和
米原物流株式会社	代表取締役社長　森脇　正仁
株式会社ライトスタッフ	取 締 役 会 長　宮廻　裕和

※企業様のご要望で未掲載企業があります。　（五十音順）

本奨学金は、とっとりを元気にしたい！と思う人の活動を応援するものです。財源の半分23万7，500円は柳心学園が負担しますが、残り半分は、活動に賛同して下さる「フレンズ」と呼ばせていただいている地元企業様からのご寄付で賄っております。

この活動を長く続けることで地域を元気にし、志のある人と企業との縁むすびもできたら嬉しく思っています。

出産お祝い／子育て支援制度

令和2年度以降は、男性育休制度の取得率は100％です。取得日数も平均1か月以上です。男性管理職も取得実績があり、制度の面からも柳心学園は子育て中のスタッフを学園全体で応援しています。

出産お祝い金制度はスタッフ本人、または配偶者の出産に対してお祝い金を支給するものです。

第1子は10万円、第2子は20万円、第3子は30万円、第4子は40万円、第5子は50万円……というふうに、続柄×10万円のお祝い金を支給しています。

支給実績は令和４年（２０２２）２月25日現在で17件、合計額２６０万円です。

「子どもは地球の宝物」という考え方が基本となっている制度です。

自己申告の人事制度導入

人事制度を令和２年（２０２０）10月から大きく変えました。

ねらいは、自律したスタッフの育成です。自分の人生の主役は自分自身であることを深考してもらい、人生における仕事の位置づけと働き方を決めてもらうものです。

自分で考えて決めることで「やらされ感」から脱却してほしいと期待しています。

そして、働くことを「自分ごと」として捉えるようになればすべてが変わってきます。

新しい制度には３つの軸があります。

1つには、「相対交渉による給与決定」。

世界的にはアメリカのGEが導入し一気に各企業に拡がりましたが、1on1（ワンオンワン）（上司と部下の1対1の面談）をベースに上司と直接面談し、給与額（私たちは職員に対する投資という意味で「投資額」と呼んでいますので以後、「投資額」と表現します）を決定します。

1on1は最低でも月に一度、30分間行います。その場では上司、部下という立場はあれども、できるだけフラットに仕事のアドバイス、悩みを聞くだけではなくプライベートの話をしたり人生の目標を話したりと、従来の上司、部下の関係性よりもかなり深く親密な関係を構築します。部下は自分で考えて次期の半期半年間の目標を設定し、上司と情報共有します。上司は目標の達成困難度を客観的に判断し、投資額の交渉を行います。

目標が達成されれば投資額は維持、増額される可能性が高くなりますが、達成されない場合には確実に下がります。

もう1つには、「ノンレイティング」。

「レイティング」は順位付けのことで、その打ち消し表現なので順位付けしない評価のことです。

従前のパフォーマンスやプロセス、行動態様などを数値化して評価することを一切取りやめ、前述した1on1の中で完結することにしました。

なぜ、評価をやめたのか。

その前提には、社内での根源的な問いかけがありました。

「人事評価、数値化が目的化していないか？」

本来ならばそれらを本人にフィードバックして、人財育成を行い、組織、会社自体を強靭化していくことが最終目標であって然るべきですが、賞与の算定基準や定期昇給の算定基礎のためのツールとしてしか利用してこなかったのです。

そのため、どうにかして人財育成と密接にリンクできる評価システムがないかと本で調べ、WEBで調べて行き着いたのが、最近日本でも導入企業が徐々に出てきている1on1だったのです。

人間の評価を完全に数値化することは不可能です。

また、評価が正しいか否かのジャッジは非常に難しいのが現状です。

それならば数値化というプロセスを経ずにアナログで、話し合いで決めましょうと、1on1の導入を決めました。この導入については『人事制度の未来』（ギャラクシーブックス、2017）という本を発見し、その著者である生きがいラボ株式会社の代表取締役・福留幸輔さんのお力をお借りしました。

コロナ禍での導入作業だったので、基本はリモートでスタッフへの初歩的な説明、幹部層への説明等導入コンサルテーションをお願いしました。

素人だけで導入手続きを行うよりも外部の専門家がその部分を担うことで、スタッフの理解、腹落ちもスムーズだったのかな、と思います。

最後の1つは、「働き方の自由選択」。

半期ごとに労働条件を決定するので、「この半期はいっぱい働きます」「次の半期は子ども優先・プライベート優先で週20時間労働にします」など各人のライフスタイルに合わせた融通がききます。

これらはすべて前述の1on1で決定されます。繁忙期対応などで業務の遂行が危ぶまれるときには上司は業務命令として勤務を命じることもできますが、基本的にスタッフの思いでその半期の働き方を決定できますので、ここでも働くことが「自分ごと」になります。

これら3つの軸で、仕事を単なる「労働」からスタッフの人生の夢を叶えるための「大切な要素としての仕事」に変化させることで、私が理事長就任以来20年間目指してきた「人中心経営」が花開くのではないかと心から期待しています。

ユニフォーム改革

従前は男性はスーツ、女性はスカートにブラウスとベストというものでしたが、ジェンダーレスの観点から男性も女性もデニムパンツに白いコットンシャツというユニフォームに変更しました。

見た目がカジュアルでオシャレですし、動きやすさ等の機能性も高く、清潔感もあり、生徒さんや取引先からも好評をいただいております。

また、会社で「ＡＬＬＹ宣言」※もしております。ＳＤＧｓ関連の報道でも宣言していますし、米子自動車学校のロビーにも宣言文を掲示しております。どのような性的嗜好かに関わらず仲間として受け入れるよという宣言です。ダイバーシティの具現化でもありますし、感度が高く文化的、社会的な影響力の大きなＬＧＢＴＱの方々に対するアナウンス効果もあると考えています。

※アライ（ａｌｌｙ）とは、「味方」を意味する単語です。転じて「ＬＧＢＴＱを理解・支援する人」を表しています。

J－VER

業務で排出するCO_2をオフセットする権利を購入してCO_2削減に協力しています。

平成24年（２０１２）８月17日、地球温暖化防止と県内の森林整備のため、当学園は県とカーボン・オフセットパートナー協定を結びました。地球温暖化の防止と鳥取県内の森林整備の促進が目的です。

カーボン・オフセットとは、事業者が植林事業等への協力を行い、事業実施に伴い排出したCO_2の一部を相殺＝オフセットしようという取組みです。

本協定では、当学園は鳥取県が認証取得した環境省オフセットクレジット50トンを購入しています。こうして教習車等が排出するCO_2を相殺して、鳥取県内の適正かつ継続的な森林整備に貢献しています。

一方、県は当学園の取組みをホームページ等で広報して下さり、ＷＩＮ－ＷＩＮの事業となっています。

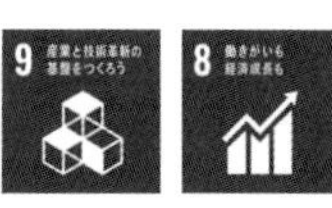

ドローン・フォークリフト等の産業免許スクール

山陰初の「全天候型講習施設」を開校し、天候に左右されず快適な環境で質の高い講習を実施しています。また、関西や山陽エリアの学校に行かずとも地元で各種資格取得ができ、企業への就職にも役立ちます。

平成25年（２０１３）から鳥取労働局長登録教習機関として「ロジスティックヨナゴ」を開講しました。これにより、米子自動車学校で取得できる「大型」「中型」「けん

ドローン

引」「大型特殊」など、就業に役立つ自動車免許と併せて、フォークリフトなどの技術講習を実施しています。

フォークリフト運転技能講習では、物流業に必要な荷積み、運搬、荷降ろしに必要な資格を取得でき、物流のプロフェッショナルとしてのスキルアップを図れます。

車両系建設機械運転技能講習（整地・運搬・積込み用及び掘削用）では、主に土木・建築関連で活躍できる資格が取得できます。また、豪雪地帯である鳥取県では除雪作業にも活躍します。そのため、お客様のニーズに合わせた講習内容を実施し「現場即戦力」を合言葉に各業種におけるプロ

フォークリフト

フェッショナルを育成する教育訓練を実施しています。

その他にも「小型移動式クレーン運転技能講習」「玉掛け技能講習」「ガス溶接技能講習」など幅広い分野で活躍できる資格が取得でき、山陰にお住まいの方だけでなく、県外からも受講に来られる方もおられます。

ドローンは近年、離島や僻地での輸送のみならず、都市部での輸送ツールとして着目されています。また、農業・測量・監視など様々な業種で需要が拡大していくことが予想されます。そのため「陸の安全教育」のみならず「空の安全教育」も担うため、平成29年（２０１７）より「ドローン安全大学校」を開校いたしました。

学科講習では、オリジナルの講習テキストを使用し、ドローンに必要な基礎知識や基本法令について、飛行させる際のリスクを分析・検討しながら学んでいただきます。

実技講習では、基本的な飛行の方法から、空撮・農薬散布に関する実技など様々な業種で活躍できるように対応いたしております。

講習だけでなく、機体メーカーと提携して機体の販売や修理・点検も実施しており、専門性の高い講師が在籍しています。

また、令和元年（２０１９）より「災害時における無人飛行機による協力」として鳥取県と災害時応援協定を締結いたしました。地域の皆様の救援を迅速・円滑に行い、安全な社会づくりに貢献します。

このように、産業免許スクールは経験豊富な講師陣のもと、現場即戦力育成を目的としたカリキュラムで産業の基盤を支える人財を育成します。

そして、地域の皆様の人生を豊かにするために共に歩んでいきます。

安全な運転者の育成

柳心学園の祖業であります米子自動車学校は「心正車正」を校訓とし、心のあり方が安全運転と直結していることを大切にしています。

ロジスティックヨナゴの校訓は「心正業正」

ドローン安全大学校の校訓は「心正空正」

AIC After School YONAGOの校訓は「心正育正」

米子ファッションビジネス学園の校訓は「心正創正」

全てのスクールに共通している「心正」の文字が表している〝心〟の正しさが人として最も重要ととらえています。

正しい心で新しい資格を手にしていただくことで、より人生を豊かにしていただくお手伝いを通じて、地域の交通社会と産業の発展に貢献しています。

クリアファイルリユース

海洋汚染の原因となるプラスティックゴミを減らすために、クリアファイルにオ

クリアファイル

リジナルのシールを貼り、再利用をしています。

今後は県内の教育機関に回収BOXを設置して、余っているクリアファイルを回収します。回収したファイルの量に応じて、各教育機関へ教育支援金を寄付していく計画を進めています。

バナナペーパーの名刺

日本初のフェアトレード認証のバナナペーパーを全スタッフの名刺に使用しています。

バナナペーパーとは、アフリ

バナナペーパーの名刺

カ、ザンビアのオーガニック畑のバナナの茎から繊維を取り出して作った紙です。普通の紙に使う木の成長は10～30年ですが、バナナは1年で成長します。貧困層の人たちに雇用を生み出し、バナナ繊維の活用によって森林を守り、絶滅危惧種や野生動物の密猟を防いでいます。価格は少々お高めですが、スタッフ全員が手にする名刺に使用することで、SDGsへの意識を高める効果があります。また社外の方への啓発にもつながっています。

とっとりＳＤＧｓパートナー

鳥取県が進める、「とっとりＳＤＧｓパートナー制度」の趣旨に学園として賛同し、参画しています。私は、個人的にも同じく鳥取県の取組みである「とっとりＳＤＧｓ伝道師」にも任命されています。

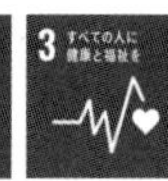

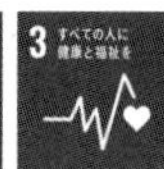

ＳＤＧｓ手当

令和３年（２０２１）10月の構造改革と同時に「ＳＤＧｓ手当」を導入しました。通勤手当のみ従前の制度を残しつつ、他のすべての既存の手当、例えば配偶者手当やこども手当等を全廃し、ＳＤＧｓ手当一本に集約したものです。

導入のねらいは、「自分ごとのＳＤＧｓ」です。

本学園のＳＤＧｓは、ボトムアップ型ではなくトップダウンでスタートし、外部講師を招いての講演開催やその他リテラシーを向上させるための施策を行い、頭では理解した職員が多数派になりましたが、いわゆる腹落ちまでは至っていない状況でした。

そこで「他人ごと」「会社が勝手にやっていること」ではなく「自分ごと」として捉えてもらうために、仕事とは切り離したプライベートの分野でのＳＤＧｓ推進活動に対して手当を支払うことで、ＳＤＧｓを「自分ごと」にしようとする仕組みです。

導入にあたっては指針的なものがないと職員も申請しにくいだろうと考え、全カンパニー（当学園はカンパニー制を採用しています）のカンパニー長（当学園は教育事業がコア事業ですのでカンパニーをスクールと呼んでおり、カンパニー長をスクール長と呼び替えています）およびスクール長が総出で会議を行い、大まかな指針を策定しました。

一部を次に列挙します（月々の手当額）。

○高齢者の自宅介護　１万５，０００円
○未就学児の通園送迎　２，３００円
○学童保育料　学童保育料×30％
○ビーチクリーン　３，０００円

○子どもへのＳＤＧｓ啓発活動　３，０００円
○太陽熱温水器で灯油使用量を減らす　ビフォア、アフター差額の30％
○ＳＤＧｓ関連投資信託購入　購入額×30％
○各種学費　学費×30％
○生ゴミコンポスト　１，０００円
○その他日常での配慮など　１項目５００円（水の節約、電気代節約、プラスティックレス、ペーパーレス、フードロス削減など各種項目）

ＳＤＧｓやＥＳＧ、ゼロ・カーボンなどを運用指針とした投資信託商品を購入し、その取引画面のスクリーンショットあるいは約定証明書などの証拠書類によって確認し、認定します。個別の銘柄に投資する株式投資等は対象外です。これらは自己申告制を取り、スタッフを性善説で捉え、信じることで支え合う風土の醸成をねらうものです。

第2部

企業インタビュー

とっとりで取り組むSDGs

第1章

まさにSDGsど真ん中！本業だけでは終わらない取組みの数々

愛ファクトリー株式会社

〔所 在 地〕〒689-0519
鳥取県鳥取市青谷町奥崎388

〔設　　立〕平成26年（2014）1月20日
（特例子会社認定　平成28年〔2016〕5月）

〔事業内容〕全天候型植物工場の運営等

〔従 業 員〕34名

〔H　　P〕https://af.idnet.co.jp/

今回は、鳥取市と倉吉市のちょうど真ん中にあります鳥取市青谷（あおや）にやってまいりました。山陰自動車道の青谷インターチェンジを降りて3分ほど車を走らせると、古い学校校舎が見えてまいります。

この度インタビューをさせていただく「愛ファクトリー株式会社」（以降「愛FC」）の施設です。

愛FC外観

愛ＦＣは、プライム市場上場企業のＩＴ企業、株式会社ＩＤホールディングス（以降ＩＤＨＤ）が親会社となるＩＤグループの「特例子会社」[※1]として平成26年（２０１４）に設立されました。

会社設立にあたって、鳥取市からその有効利用を目的に、ここ「旧日置谷小学校」を借り「閉鎖型（全天候型）植物工場」に改修！　外構や教室内には小学校時代の雰囲気が残っており、ノスタルジーを感じます。

玄関で我々を出迎えてくださったのは、愛ＦＣ代表取締役木村由美子社長。

訪問の時間がちょうど朝礼の開始時間

収穫風景（水耕）

であったこともあり、貴重な機会としてオブザーブさせていただきました。

約30名の社員の方々は、皆さん制服であるお揃いの明るい緑色のポロシャツ！　当日の作業や注意事項などをリーダーの方々とブリーフィングを行い、衛生面で大切な手洗い、消毒、うがいを徹底して全員が行います。そして、いよいよ作業開始です！

ここからは業務管理担当の方々からのインタビュー内容をご紹介いたします。

まず教えていただいたのは、愛ＦＣがＩＤグループ（前述参照）の「特例子会社」であるということです。（平成26年（2

収穫風景（土耕）

014）1月会社設立／平成28年（2016）5月「障害者の雇用の促進等に関する法律」に基づく特例子会社認定取得）

障がい者雇用に特化した会社で、現在、管理メンバー5名と生産メンバー（障がい者社員）28名が「一般就労の正社員」（一部契約社員）として雇用契約を締結しています。

また、なぜ鳥取なのか、というとIDHDの船越真樹社長のご出身が鳥取県であり、ふるさとへの思いも詰まった施策だと理解しました。ちなみにIDグループは愛FCだけではなく我々の本社がございます米子市にも本社機能の一部を移管しておられます。

ここまでのお話で、特例子会社である愛ＦＣ自体が「ＳＤＧｓ」、という思いを強くいたしました。

さて、植物工場を見学させていただく為の準備です。異物混入を避けるため、白いキャップと白衣、手もしっかり消毒し、いざ出発です！

愛ＦＣの運営する植物工場は、〝農薬を使わず、天候に左右されない安心安全な栽培環境〟をコンセプトとしており、そのために人工光ＬＥＤを光源としていることも特徴の一つです。

中に入ると、旧校舎１階は土で栽培するエリア、２階が水耕栽培のエリアとなっています。水耕栽培の溶液の濃度等はマイコンが制御しますが、土の入れ替えや焼却殺菌、収穫や播種は生産に携わる生産チームメンバー（障がい者社員の方々）が手作業で丁寧に行っています。また、野菜の成長に合わせてプランターやＬＥＤの位置を動かす等細かい配慮も重要だそうです。

前述したように丁寧かつ厳重な工程管理により、生産クオリティは高く、令和元年

栽培棚（水耕）

（2019）にはJGAP[※2]（Japan Good Agricultural Practice）の認定取得、SDGsをトータル的に担う運営を目標に邁進されています。

植物工場では現在、アイスプラント、ベビーリーフ、ルッコラ、バジルなど約14種類のハーブ系野菜やレタスを栽培しており、鳥取県内のホテルやレストランを中心に、東京本社の社員食堂や、都内レストランにも出荷されています。また、生産途上で発生する規格外品は地域のこども食堂へ月に2回程度食材として提供しておられます。

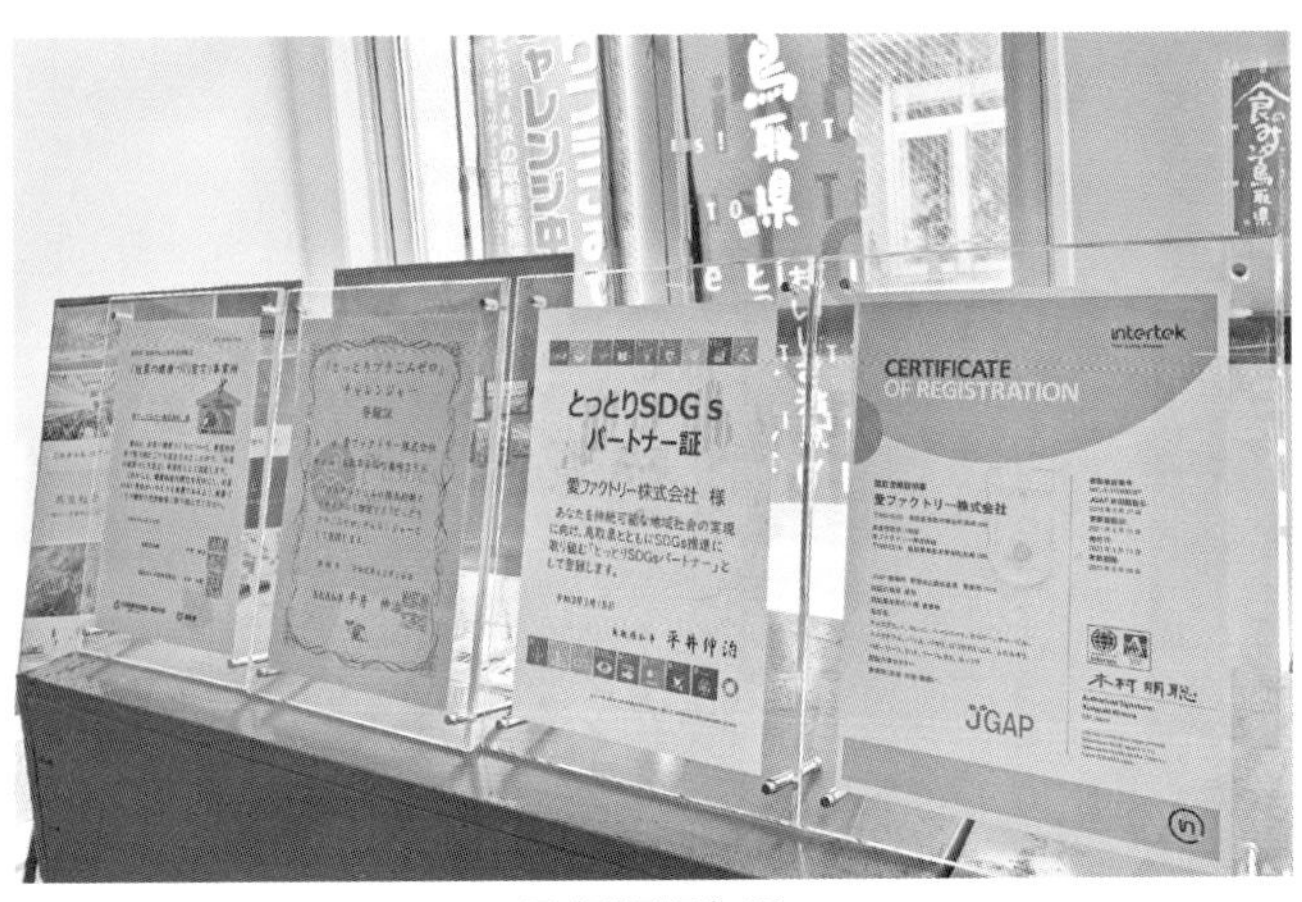

取得認証各種

ここからは、愛ＦＣの親会社であるＩＤＨＤのＳＤＧｓの取組みについて少しご紹介させていただきます。ＩＤグループは以前から、ＣＳＲ活動に積極的でしたので、その概念は現在のＥＳＧやＳＤＧｓに共通し、より強固な経営指標となっているとのことです。その方針のもと、愛ＦＣは、グループの障がい者雇用のけん引役としての役割認識を持たれているそうです。

親会社は、プライム市場上場企業ということもあり、コンプライアンスは厳しく、ＥＳＧ、ＳＤＧｓについても独自に担当する部署がありグループ全体の

ＳＤＧｓを推進する役割を果たしておられます。

愛ＦＣ社内でのＳＤＧｓの啓発についてはどうでしょうか？

概念的な理解が難しいＳＤＧｓについて、特に生産チームの社員への説明には、様々な工夫をされているようです。例えば、環境課題については、ＮＰＯや関係団体が作成した分かりやすい動画や漫画を使いビジュアルを利用することで、皆が興味を持ち、理解を深められるよう努力をされているようです。

また、これらの意識啓発をベースに、具体的な活動も継続的に行われています。地域の海岸（青谷海岸）の清掃活動を３年前からスタートさせ、月に１、２回のペースで続けられています。

これら具体的活動により社員自らがＳＤＧｓへの参画意識を高めているものと感じました。

最後に、木村社長に今後の会社の事業展開をお聞きしました。

「ＩＤグループの指標でもある『ＳＤＧｓの促進』、その中でも、再生エネルギーの活用や環境問題は、愛ＦＣにとって、より身近な課題です。植物工場の運営に大切な

海岸清掃

エネルギー課題に正面からぶつかり、解決する事業展開をしたい」と力強くおっしゃられました。また、ＳＤＧｓがよく分からない、一歩が踏み出せないという地域の事業者の皆様へのアドバイスとして、17のゴールすべてに取り組むのではなくゴールを絞って考えてみる。また、日頃の事業活動の中で「これってＳＤＧｓでは!?」という取組みを見つけてみるのもよいかと思います、とのことでした。
「最近の天気って何かおかしいよね、冬に雪が少なかったり、豪雪だったり、夏には猛暑や豪雨が頻発しているし……という身近な話題から環境問題であるＣO_2

排出について話をしてみてはいかがでしょうか。生身の人間としての日常で『体感』している気付きをスタート地点にするのが、ＳＤＧｓを知って、実践する一番の近道かもしれません」とおっしゃいます。

現在愛ＦＣでは、鳥取砂丘の除草ボランティアや「とっとりプラごみゼロ」チャレンジャーなど地域の取組みにも積極的に参加されています。

開設当時は、「閉校再利用」「植物工場」「特例子会社」等の視点からの視察が多かったとのことですが、今後は様々な視点で「ＳＤＧｓを実践する会社！」として社会に貢献できる会社を目指したいそうです。

今回の愛ＦＣ訪問で感じたことは、まず植物工場運営と障がい者雇用創出というご本業がＳＤＧｓど真ん中であること。また、社員への啓発活動や地域との共生など一企業としての活動としても目覚ましいものがありました。一般企業からの視察も可能とのことですので、ぜひ一度ご訪問、見学をご検討されてはいかがでしょうか。そこにＳＤＧｓにつながるたくさんのヒントがあると思います！

※１【特例子会社】障害者の雇用に特別な配慮をし、障害者の雇用の促進等に関する法律第44条の規定により、一定の要件を満たした上で厚生労働大臣の認可を受けて、障害者雇用率の算定において親会社の一事業所と見なされる子会社。

※２【ＪＧＡＰ】農林水産省が推奨する農業生産工程管理の一つで、農産物を生産する農場、団体が食の安全や環境保全に取り組んでいるかを示す適切な農場管理の基準で、その基準を満たす農場に与えられる認証制度。

interviewee

代表取締役
木村 由美子さん

平成21年（2009） 株式会社インフォメーション・ディベロプメント（現IDホールディングス）入社

→入社後、採用部門～システム開発部門～関係会社管理部門、管理に携わる

平成25年（2013）12月～ 愛ファクトリー株式会社（準備室含む）代表取締役社長任命

→IDグループ特例子会社として発足し、現在に至る

ＳＤＧｓ推進の先に目指すのは、「わくわくする未来創り」

木村　由美子

「愛ファクトリー株式会社」は、平成26年（２０１４）１月、グループにおける障がい者雇用の促進を目的として、鳥取市の閉校した学校施設を利用し「全天候型植物工場」としてスタートいたしました。

その後、平成28年（２０１６）５月には、ＩＤグループの「特例子会社」[※]として認定を受け、現在に至ります。

近年では、「安心・安全な野菜づくり」（栽培工程で農薬不使用）をコンセプトにした「植物工場」の運営に加え、地域企業からの「受託、受注請負」等、業務の幅を拡げ、障がい特性を踏まえた環境整備にも努力しております。

社員一人ひとりの「自律→自立した社会生活の実現」を目標に、これからも地域社会との積極的連携を図り、ＳＤＧｓの推進に努めてまいります。

〝ともに働き、ともに輝ける企業〟＝「ｗａｋｕ－ｗａｋｕする未来創り」を目指して！

※特例子会社

民間企業が障がい者の雇用を促進する目的でつくる子会社のこと。

障がい者雇用促進法は民間企業に対して、全従業員の割合に応じ、障がい者を雇うよう義務づけていますが、特例として、事業者が障がい者のために特別に配慮した子会社を設立し、一定の要件を満たした上で厚生労働大臣の認可を受ければ、その子会社の障がい者雇用数を親会社および企業グループ全体の雇用分として合算することが認められています。これを「特例子会社制度」といいます。

第2章

企業はSDGsをやるのが当たりまえ！すべての事業は社会に貢献していく時代へ

株式会社アクシス

〔所 在 地〕〒680-0846
鳥取県鳥取市扇町７番地
鳥取フコク生命駅前ビル7F
〔設　　立〕平成５年（1993）９月３日
〔事業内容〕システム開発、ITコンサルティング、インフラ設計構築・運用、Webサイト制作、ビジネス・プロセス・アウトソーシング、超地域密着型生活プラットフォームサービス「Bird」運営、ITスクール運営、求人サイト「トリビズ」運営
〔従 業 員〕210名
〔Ｈ　　Ｐ〕www.t-axis.co.jp

本日は鳥取市に来ております。

オフィスが鳥取駅のすぐ目の前にあります、株式会社アクシスです。

アクシスはいわゆるＩＴ企業で、システム開発や各種ソリューション、ＷＥＢデザインなどのサービスをラインアップされています。

本社は鳥取市ですが、東京港区虎ノ門と大阪淀川区宮原、それと同じく鳥取県内の

本社1F Innovation Baseの内部の様子

米子市にもオフィスがあります。

ミッションやビジョンを次頁のとおり掲げておられます。

会社は今期、29期目です。坂本哲（さかもとさとる）代表取締役のお父様が先代の社長をお務めで、坂本社長は平成25年（2013）から後継社長として引き継いでおられます。

設立目的として、地域情報化の担い手となること、U／I／Jターン人材の受け皿になること、地域の活性化に貢献することの3つを掲げられておられます。

さて、では本社の玄関からお邪魔します。

鳥取駅前の一等地にあるテナントビルの

Mission

情熱で未来を変える
— 人・地域・社会 —

Vision

リフレーミングカンパニー×Shift the Local
次世代社会の実現に向け、世の中に定着・固定したモノ・コト（枠組み）を場所や常識にとらわれず、新たに創造する会社

Value

1．個人の成長と創造性の追求
— 自ら学ぶ姿勢を持ち、今日より明日へ、成長し続けること
— 価値観を認め合い、お互いを高め合うこと
— 失敗を恐れず、新しい発想を形にし続けること
2．地域活性化への貢献
— 人材育成と雇用創出により、地域経済を循環させる
— 地域間の情報格差および教育格差を是正する
— 地域への支援と交流を通じ、活気あるまちづくりを牽引する
3．社会との協働と協創
— 共に成功を目指す"パートナー"となる
— 社会課題の革新的な解決策を創造する
— 志を共有することで新しい価値を創造し実現する

1階に、Ａｘｉｓの立体ロゴがあります。全面ガラスで、カラフルなソファなどが見え、まるで最先端のオフィス家具専門店のようです。

あとでお聞きすると、1階はフリーアドレスで開発や運用を担うエンジニアをはじめ、様々な部署の社員が使用しており、坂本社長もたまにスッとＰＣ片手に座って業務をされるようです。隣の社員は驚くでしょうが、アクシスでは日常の風景のようです。

我々はその1階ではなく7階の会議室に向かいました。坂本社長と広報の桑原東子さん、秘書の木村駿介さんの3名の方々に出迎えていただきました。

まず最初に坂本社長にＳＤＧｓへの取組みを始めたきっかけをお伺いしました。

社長は、ＳＤＧｓへの取組みは企業経営者として当然のごとく「やらなければいけないもの」であって今の世の中で「企業に求められる当然のものである」とおっしゃいます。

ただしＳＤＧｓを前面に押し出すのではなく、事業を進めていく中で、ある時振り返ったときに、「あれ？　これってＳＤＧｓじゃない？」という結果論的なものというニュアンスと解釈いたしました。

社員の皆さんのＳＤＧｓ理解については、事業とＳＤＧｓのつながりなどの理解度はまだそれほどでもないと謙遜されます。

ただ、クライアント先等での事業説明時には事業とＳＤＧｓのつながりがスクリプトにあったりと、事業活動とＳＤＧｓは色濃く溶け合っているな、という印象を受けました。

まず最初に話題に上がったのは「Ａｘｉｓのやさい」です。「アクシスのやさい」と読みます。

社長が面白く説明してくださいましたが、アイディアが閃いた時に社長が突然本社に現れ、ホワイトボードに「Ａｘｉｓのやさい」と書いて、それが具現化されたものだそうです。この場合、「やさい」がひらがなであることも社長のコンセプトで固まっていて、現場に居合わせた社員たちはざわめいたらしいです。

「Ａｘｉｓのやさい」は、農作物で「人と人をつなぐ」をコンセプトにしたアクシス初

Axisのやさいでは鳥取市地域食堂ネットワークを通じて鳥取市内の子ども食堂に野菜を寄付しています

の実店舗型サービスです。世界的な課題であるフードロスの削減と子ども食堂の支援を通じて地域の人と人とのつながりの醸成を目指しています。地域の農家さんから仕入れた規格外野菜・余剰野菜を販売する場として、地域の皆様には地元の味を知ってもらい、子ども食堂へ食材を寄付することで子どもたちが豊かに育つことを目的としたものです。

令和2年（2020）の10月からスタートし、今年、Ａｘｉｓのやさいを担当するのは木村さんを含む2名。現在は26軒の農家さんから野菜を仕入れ、隼Ｌａｂ・と鳥取空港の2か所で月に2回販売され

Axisのやさいには、地域の方や学生もボランティアで参加しています

ています。（※現在は販売場所を鳥取駅前にも広げています）

子ども食堂には毎回の仕入れのうち約１割を現物で、つまり野菜や果物を寄付しておられます。

売上はマチマチですがお客様の数は平均で１回１００人、多いときには２００人が買い物に来ていただけるそうです。品数も季節によって違いますがだいたい40〜50種類は揃う本格的なものです。

規模も収益もアクシス本体の売上から見ると微々たるものですが、社長いわくＣＳＲ事業としての位置付けなのでまったく問題ないですね、とおっしゃいます。

最近では、地域の他企業から「うちの事業所で販売してくれないか」などのコラボのオファーが入ることもあるようです。

ほぼ1人で担当していらっしゃる木村さんも、農家さんとのふれあいやお付き合いの中で仕事を越えた人とのつながりによる充実感があります!!と輝いた笑顔でおっしゃっていたのが印象的です。

次に社長からご紹介された事業が「Ｂｉｒｄ」です。これは３つのサービスのシステム基盤で「トリスト」「トリメシ」「トリメディ」の３つの配送サービスを展開しています。

「トリスト」は、地場のスーパーマーケット等の商品を専用サイト内で購入し、指定された先へ配送するサービスです。

注文から2時間で商品を受け取ることが可能です。

「トリメシ」は、焼き鳥屋やうどん店など50店舗が加盟する飲食品のデリバリーで、これもやはり専用サイトで注文し、配送するサービスです。

本社1F Innovation Baseの入り口

「トリメディ」は薬局での待ち時間短縮化を実現する処方薬の配送サービスで、連携する薬局で処方を依頼し、服薬指導を受けた後、当日自宅に処方薬が配送される仕組みです。

5年後に3つのサービスを合わせて売上高7～8億円を目指し各サービスの加盟店を増やしていかれるご計画です。

社長いわく、地元企業や住民、自治体と共に新しいサービスのプラットフォームを作り地方の暮らしをより良いものにしていくのが目標とおっしゃいます。

次にご紹介いただいた事業は、「太陽光発電監視計測システム」です。これは、太陽光発電システムをリモート監視し、稼働状況や故障検知により素早く故障機器の特定を行うものです。既にメガソーラーを含め全国で１００か所以上の導入実績があります。

「鳥取ＩＴアカデミー」もアクシスが運営するＩＴ企業が教える生きたＩＴ技術を学ぶＩＴスクールです。自社・他社含めたＩＴ研修や、お客様のニーズに合わせたＩＴ技術を教える研修を実施するほか、将来のＩＴ人材育成を目的とした子ども向けのプログラミングスクールを運営しています。

最後にご紹介いただいたのは「Ｎｅｘｔ．」です。

体験の先にある未来のために未来創出の場を提供し、次の世代を全力で応援、鳥取だからと諦めたくない個人の成長、創造性の追求のため、常に前に進み続ける人を後押ししたい、という理念のもと、創出された事業です。

具体的には、６階建てビルの２階に設けたコワーキングスペースで様々な経験（Experience）をしてもらうというコンセプトです。

例えば、プロのクリエイターが使うイラストレーターやフォトショップという画像編集ソフトが自由に使えます。また、会員制度を採用していますが、鳥取のために何かしたい、自身が経験してきたことを伝えたいという人に登録していただいておられます。

そのため、学生さんは様々なバックボーンを持つ大人と触れ合い、話を聞くことができ、様々な人の多くのスキルや経験を知ることができます。

実際に坂本社長が参加された学生との交流会でも、社長が事前に思われたよりも学生は大人と喋りたいんだなぁと驚くほどだったようです。

SDGs関連事業は以上になりますが、社長に今後の展開をお聞きしました。

まず、企業のSDGsへの取組みについてですが、「今後の企業活動はSDGsをやって当たり前」という感じで、例えばSDGs推進担当セクションを今後作る予定もないとのこと。SDGsに取り組むことは企業の責任と捉えておられます。

また、SDGsへの取組みについては、企業が互いに協力し、裾野を広げていく必

「Bird」の配送を担うバーディが活躍しています

要があると感じておられます。

ＳＤＧｓの取組みはやることはたくさんあって、要は、社会に事業を通じて貢献しなさい、という意味と理解しておられ、ＳＤＧｓへの取組みに悩む会社の社長さんには、まずは自社事業をＳＤＧｓの切り口で分類することからスタートするのが良いのでは、と指摘をいただきました。

会社を経営されていれば、数ある事業の中で社会貢献、ＳＤＧｓに何らかの形で関連しているのが当たり前だと思うので、それらを分類して、17のゴールごとにまとめて、さらにＳＤＧｓの方向に事業を振ったりするのは一つの手段だと語ってくださいいました。

また、ＳＤＧｓへの積極的な取組みを企業アピール、プロモーションとして進めることについては理解を示され、現在では企業評価の項目にＳＤＧｓへの取組みもあり、投資家が企業を判断する際にも重要な指標になるので、そのような観点からもＳＤＧｓへの取組みは大変重要であるとのご認識でした。

２０３０年には現在の約４倍の規模になる１，０００人の従業員規模を目指されており、会社設立目的に明記されているように、Ｕ／Ｉ／Ｊターン人材の受け皿となり、地域の活性化に大きく寄与するとともにＳＤＧｓの17ゴールのうち３、７、９、11、12などを中心に多くのゴールの達成にも寄与する壮大な取組みだと感じました。

（本文中の写真提供：株式会社アクシス）

interviewee

代表取締役
坂本　哲さん

昭和50年（1975）6月21日生まれ。埼玉県出身。

東京都にて就職し、電気工事、情報通信設備構築の職人を経験。

24歳で独立。情報通信設備構築事業の株式会社アクシスエンジニアリングを設立（現在アクシスの100%子会社）。

38歳の時、株式会社アクシスの事業継承のため家族と共に東京から鳥取にＩターン。

昨年、鹿島建設との資本提携を発表。

42歳の時、まちづくり事業の株式会社シーセブンハヤブサを共同設立し、現在取締役。

木村 駿介さん

鳥取県、郡家町（現八頭町）出身。

高校卒業後、関西の大学へ進学後、鳥取へUターン。

令和２年（2020）新卒でアクシスへ入社。令和３年（2021）４月より、アクシスのCSR事業「Axisのやさい」を担当。

鳥取県内へSDGsの輪を広げるため、現在も活動中。

桑原 東子さん

鳥取県、大山町出身。

高校卒業後、九州の大学へ進学後、都内の企業に就職。

令和２年（2020）９月Uターン転職でアクシスへ入社。広報担当として「Axisのやさい」をはじめ自社のSDGs活動全般について社内外に伝えている。

社会の課題を解決するために、先陣を切って挑戦を続ける企業になる

坂本　哲

弊社は「リフレーミングカンパニー」をビジョンに掲げ、「次世代社会の実現に向け、世の中に定着・固定した枠組みを、違う仕組みで再構築していく会社」と定義し、挑戦を続けています。

昨今、ＳＤＧｓへの社会的関心が高まり、多くの企業・個人が様々な取組みを始めていますが、ＳＤＧｓに関する事業・活動も弊社のビジョンに沿っています。

「Ａｘｉｓのやさい」をスタートする際、社員ですら「なぜ、ＩＴ企業が野菜の販売？・」という意見が大半でした。一般的に考えるとあり得ないことです。

しかし、本当にそうでしょうか？　社会には様々な課題があります。その課題の解決策はないか、自社にできることはないのかを考え、実行する。ＳＤＧｓとは、シンプルにそういうことだと私は考えています。

その気づきから「TIA Kids School」「トリビズ」「Ｎｅｘｔ.（コワーキングスペース）」

「Ａｘｉｓのやさい」といった地域に根ざした事業がスタートしています。このようにして、鳥取県内のＳＤＧｓ活動を牽引していくことも、弊社の存在価値だと強く感じています。

売上や商品・サービスの量や質が企業の価値に直結した時代は急速に変化し、ＥＳＧ投資、企業のＣＳＲ、ＳＤＧｓといった世界基準の社会的枠組みが企業の価値に直結する時代です。「ＳＤＧｓ活動は企業なら、取り組んで当たり前」と考えています。

「ＳＤＧｓ」と聞くと、難しいと考える経営者も少なくないと思います。

私はできることからやっていくことがＳＤＧｓだと考えています。「持続可能な社会」を築くために大事なことは、一過性で終わることなく、継続し続けることです。継続することで、その活動を応援する賛同者が必ずいます。

私自身、縁もゆかりも無かった「鳥取」にご縁をいただいて、移住をしました。

鳥取の県民性として「先陣は切れないけど一緒にならできる」ということが多いと感じています。しかし、先陣を切る人（企業）がなければ、今後の鳥取の未来は開けません。

これからも鳥取の未来のために、持続可能な鳥取の実現のためにＡｘｉｓは挑戦を続けてまいります。

第3章

インパクトがあって面白い！ 子どもが笑顔になれるSDGsを

学校法人かいけ幼稚園

〔所 在 地〕〒683-0801
米子市新開４丁目14番11号
〔設　　立〕昭和41年（1966）12月23日
〔事業内容〕幼保連携型　認定こども園
〔従 業 員〕70名
〔Ｈ　　Ｐ〕kaike-youchien.jp

本日は、米子市の新開にあります学校法人かいけ幼稚園へ訪問したいと思います。米子市の海沿いにあり、皆生温泉の西に位置します。園舎も木を基調にした落ち着いた雰囲気ですが、特筆すべきは園庭の広さです。

ここは本当に日本だろうか、アメリカの西海岸ではないのか、と見間違えるばかりの青々とした芝生が敷き詰められた園庭で子どもたちが思い切り走り回る姿が強烈

武内祐人画伯自筆の動物壁画が楽しい園舎

な第一印象でした。

感性を育むために大切な幼児期を過ごすには最適な環境と思われます。

建物やこの園庭をデザインされた設計士の方の子どもへの想いが伝わってくるようなファーストインプレッションでした。

かいけ幼稚園の園訓は「心正行正」。心が正しければ自ずと行いも正しくなる、というものです。また、教育理念は「つよいからだとおもいやりのある心をもつ生きる力のある子どもを育てます」です。

平成27年（2015）4月から幼保連携型認定こども園かいけ心正こども園として生まれ変わり、役員以下73名のスタッフのもと、0歳から年長さんまで312名の子どもが在園する大規模なこども園です。

さて、車を置いて玄関に回り、応接で理事長の秋田昌志さんにお話をお聞きしました。まずは、SDGsへの取組みのきっかけをお伺いします。

令和元年(2019)に前理事長と鳥取市にあります学校法人鶏鳴学園で開催されたシンポジウムに参加した折にSDGsの考えに触れ、これからはSDGsがマストになる、と確信されたそうです。

その後、令和2年(2020)にSDGs担当者を決められましたが、何をしたらよいか困ってしまい、上手くいかなかったので仕切り直しで令和3年(2021)をSDGs元年として担当チームを4名の教諭で作り、鋭意SDGs関連施策を動かしていらっしゃるところです。

具体的には、毎日の給食残飯を見える化して減らすことや「古着deワクチン」への参加など主に職員向けの取組みと同時に、やはり子どもたちにはとにかく面白い切り口で伝えたいと思っておられます。

ただし、現時点では保護者さんや職員間のSDGsへの取組みには温度差があり、

古くなった園バスを再利用したリサイクルランド

二層化していると感じておられます。

最近では、以前送迎車に使用していたライオンの顔、姿をしたバスを再利用して、資源ごみの回収をスタートさせられました。

園でのＳＤＧｓ関係の取組みが増え、子どもたちが家に帰ってＳＤＧｓを連呼することが増えたので、保護者の方も否応なくＳＤＧｓを知り、取り組むようになる、という流れには持っていけたと評価されます。

秋田理事長のお考えとして、そうでなくても多忙な教諭にプラスアルファでまったく新しいＳＤＧｓの取組みを考えさせるのではなく、今までの既存事業や施策をＳＤＧｓバージョンに載せ替えることからスタートさせる方針とのことです。

秋田理事長いわく最初に弁当箱をつくって、その中に入れるおかずを先生方に考えてもらうということです。

「世界で活躍できる子どもを育てる」が園のモットーなので、今現在の世界におけるスタンダードはＳＤＧｓなんだよということを教育する意味でも自分たちのＳＤＧｓの取組みや、他社の取組みを知ることは大変重要だと考えていらっしゃいます。

今年発足させたＳＤＧｓチームの活動として、「じぶんごとぷろじぇくと」があります。これは、子どもも大人も関係なく、一人ひとりが世界の問題について他人ごとではなく自分ごととして捉えられるように、そして周りの環境ばかりを変えようと思うのではなく自分が変われるように、そんな想いをＳＤＧｓの活動を通して実現すべく企画されたそうです。

その中で、オリジナルＴシャツの作成だったり、面白いＳＤＧｓビンゴカードを

親子で参加する里山再生のプロジェクト「心正の森大作戦」

作ったり、ＳＤＧｓの歌や踊りを作ってみたりと、子どもへのインパクトがあるものを選んで色々と試行錯誤しておられます。

中でも特筆すべきは、鳥取県日南町とのコラボ企画の「心正の森大作戦」活動計画です。このプロジェクトは、日南町役場の荒金さんと「にちなん中国山地林業アカデミー」の教育運営科教諭の高木さんが中心となって進めておられるもので、コンセプトは「生き物のあふれる里山の林を整備する」です。

日南町にはアカマツの混ざる広葉樹林の中に一部、ヒノキの人工林がありますが、間伐等の手入れがされていないので大変荒れた状態になっています。これをかいけ心正こども園に関わるみんなの力で再生させよう、というプロジェクトなんです。具体的には、まず苗木を作ります。どんぐりなどを探して牛乳パックで作ったポットに入れて各家庭で1年か2年程度育てます。

その後に苗木としてしっかり成長したところで山に移植するのです。

植栽の後も、のこぎりで低木を伐採したり、笹が生い茂った場所はカマなどで刈り払って綺麗にします。これらの活動を親子で取り組むことがとても大切なのです。

その一方で成熟した木はプロが伐採して短い丸太に切ります。これも子どもたちを含めた参加者も手伝います。この丸太をさらに薪にして利用するのです。

このような一連の流れで、時間は掛かりますが里山を再生しようという壮大なプロジェクトです。お話を伺うだけでワクワクしてきますね。子どもたちの笑顔が容易に想像できます。

次に、実際にメリットがあった事例を教えていただきます。

やはりＳＤＧｓの取組みを始めてからメディアに取り上げられることが増え、プロモーションにもなったし、今までお付き合いのなかった方たちと交流が持てたことが大きい、と理事長はおっしゃいます。

また、前述の「古着deワクチン」などでは、家庭内の親子の話題になることが増えて、子どもから親たちへＳＤＧｓの概念理解などが伝わって、プラスの影響が大きかったとのこと。

また、リクルーティングでも、来春に採用予定の学生さんが就職面接の際に「ＳＤＧｓもしっかり取り組んでおられますね」などと応募の感想を話してくれて、効果を実感しておられます。

これらは、幼児教育にもＳＤＧｓが組み込まれ、ＳＤＧｓはやってて当たり前な子どもたちが世の中に増え、今やデフォルトになっているんだな、と強く感じた事例です。

令和４年（２０２２）は「感謝」を知る、をキーワードに、シンクアロットのＥＮ―ＴＲＹという世界交流プログラムを使い、子どもたちが実際に途上国の子どもたちとＺｏｏｍでつながって話をして、いかに自分たちが恵まれた環境にいるのか、そして世界には恵まれていない自分たちと同じ年代の子どもたちが普通にいるんだな、という現実を受け止める取組みもされるようです。

最後に秋田理事長の今後の取組みなどのお考えをお聞きしました。

幼い子どもたちのほうがＳＤＧｓについて学ぶ意義が大きいですし、人間形成の意味でも、やはり子どもたちがまず取り組む意義は大きいとお考えです。

また、小学校の教育指導要領などをウォッチしながら、どれだけの範囲でどれだけのＳＤＧｓ教育を授けるべきか教諭が考えることで、真に有意義なＳＤＧｓ教育としたいと話されています。

最後に、世界基準で活躍できる人間になってもらうために、今後も積極的にＳＤＧｓの考えを反映した教育やイベント、プロジェクトをしていきたいと力強くおっしゃっていました。

ＳＤＧｓを学んでいく途中で自分の環境が恵まれていることに気づき、感謝の気持ちが芽生える、というのはこども園の園訓の心正行正に通じるものがあると感じました。

interviewee

理事長
秋田 昌志さん

平成19年（2007）、伯耆町社会福祉協議会を退職し学校法人かいけ幼稚園の事務長就任し幼児教育現場に足を踏み入れる。
平成23年（2011）、「かいけすまいる保育園」を併設し県内最初の認定こども園となり施設長に就任
平成30年（2018）、常務理事就任
令和３年（2021）、理事長就任
先代理事長の「幼児教育で世界を変える」という熱い思い、理念を踏襲し、感謝の想いを大切にして、「楽しいから継続できる」を合言葉に地域に必要とされる園づくりに挑戦中

遊び感覚で楽しみながら、子どもたちは未来を変えていく

秋田　昌志

子どもたちが小さいうちからＳＤＧｓを意識すれば、鳥取県の未来が変わります。

鳥取県の未来が変われば、日本の未来が変わります。日本の未来が変われば地球の未来が変わります。

それだけ幼児の力は偉大であり、幼児教育は重要です。

子どもたちは、自分たちだけでなく保護者や家族、近隣をも巻き込む力を持っています。

ＳＤＧｓの目標達成には未来を担う子どもたちの力が不可欠であり、最大限の効果を発揮するのが幼児教育であると信じ、積極的に取り組んでいます。

「Sustainable」……楽しくなくては継続できません。特に子ども達に言えることです。

子どもは遊びの天才！　ＳＤＧｓを遊び感覚で楽しんでこそ継続できると考えています。

第4章

「なくてはならない企業」へと進化するために、SDGsに取り組んでいく

三光株式会社

〔所 在 地〕〒684-0034 鳥取県境港市昭和町5-17
〔設　　立〕昭和54年（1979）9月
〔事業内容〕廃棄物処理及び総合環境事業
〔従 業 員〕290名（役員、派遣社員除く）
〔H　　P〕sankokk-net.co.jp

さて、今日は境港市に来ています。

目的地は三光株式会社です。

三光株式会社の企業理念の一番後段に、「地域にとってなくてはならない企業であり続けます」というフレーズがあります。

こちらがＳＤＧｓの考えに大変色濃く紐付いた言葉だと思いましたので社長さん

本社外観

へのインタビューで解き明かしていきたいと思います。

まず最初に三光株式会社の現在展開されている事業のご紹介です。廃棄物処理を中心に、その焼却炉の排熱で発電をしたり、環境コンサルタント、廃タイヤや有機系廃棄物のリサイクル、排熱を利用した養殖、特例子会社の設立など多岐に渡っています。三光ホールディングスの傘下には特例子会社を含めて6社があります。

境港市にある三光株式会社の本社に到着しました。境港は漁港としても日本有数の規模を誇り、周りには水産加工会社の倉庫などが立ち並ぶ一角にあります。

本社の外観はガラスが多く用いられ、大変モダンな感じです。中に入りますと壁面緑化のパネルが至るところにあり、癒やしの空間になっていました。2階にあります応接室にて、三輪昌輝社長とＣＳ推進部の伊達俊子主任、同部の山本歩美さんが対応してくださいました。

ちなみに、社員おふたりのＣＳとはconsumer satisfactionではなく、corporate sustainabilityで、さすがＳＤＧｓ先進企業だなあ、と感心しました。

ではインタビューを開始します。

最初に、ＳＤＧｓへの取組みのきっかけをお聞きしました。

平成30年（２０１８）に電力会社のローカルエナジーさんが主催したシンポジウムに社長さんが参加された際、ゲストスピーカーの方が紹介したＲＩＣＯＨさんのＳＤＧｓの取組みがとても印象に残ったそうです。切り口として面白く、三光の既存事業との親和性も高いところに興味を持ち、会社のＰＲをＳＤＧｓ寄りにしていけばいいのでは、と思いつかれました。

江島SDGs勉強会

次に、ＳＤＧｓへの理解を深めるために、自社事業の取組みを17ゴール別に分けられました。

思いのほか簡単にできたそうですが、17のゴールの中で環境に関連するゴールに偏っているな、と気づかれたそうです。

今後、17のゴールすべてをねらうのか、それとも自分たちの得意分野に集中して注力していくのか、今がまさに岐路だと認識されていました。

また、廃棄物処理業というご本業が実は、ＳＤＧｓに力強く紐付いているということに全社員で「気づく」ことを重視されました。

その為、ＳＤＧｓの取組みを会社内に落とし込んでいくご苦労はほとんどなかったそうです。

ここからは、より具体的な社内マーケティングについて、伊達さんにお答えいただきました。

会社としてのＳＤＧｓの取組みを社員の隅々まで落とし込むために、最初にＹｏｕＴｕｂｅを使って座学を行い、クイズなどでＳＤＧｓに対する知識を深めることからスタートされました。令和３年（２０２１）９月からは各工場や営業所など各事業所で勉強会を始められました。

数あるＳＤＧｓ関連事業の中で象徴的な取組みとして、特例子会社の設立があります。

令和元年（２０１９）５月に子会社の株式会社サンライズさんこうが県内６番目の特例子会社に認定されました。中でも特徴的なのは、福祉サービス事業所を併設している珍しいスタイルで、福祉から雇用まで一体的に支援できる体制となっています。

キジハタ養殖

これにより三光株式会社での障がい者雇用率は4・9％と高い数字を維持されており、具体的な人数としては雇用関係にある社員が15人、利用者が10人とのことでした。

次に目を引くのが魚の陸上養殖です。ウェストバイオマス工場で、有機系廃棄物をリサイクルする際の排熱をさらに二次利用し、海水を温めてキジハタを養殖されています。

そこで成長したキジハタは「キジハタご飯」や「キジハタの煮付け」として商品化もされています。海水をキジハタの成長が早まる25℃程度に安定させ、通常3年かかる

NEW環境展参加時の様子

養殖期間の短縮化を目指されています。

キジハタの次に「海ぷち」も令和元年（2019）から養殖を開始されています。

正確には「フサイワヅタ」という名前の海藻で、キジハタと同じくプラントの排熱利用でだいたい20℃程度に水温調整を行い、育てておられます。令和4年（2022）4月には近隣のスーパーにて試食調査を行われました。

次に「再エネ100宣言　RE Action」への参加があります。これは、企業や自治体などの団体が使用する電力の100％を再生可能エネルギーにするという画期的かつ意義ある取組みです。現在進行形で、工場や

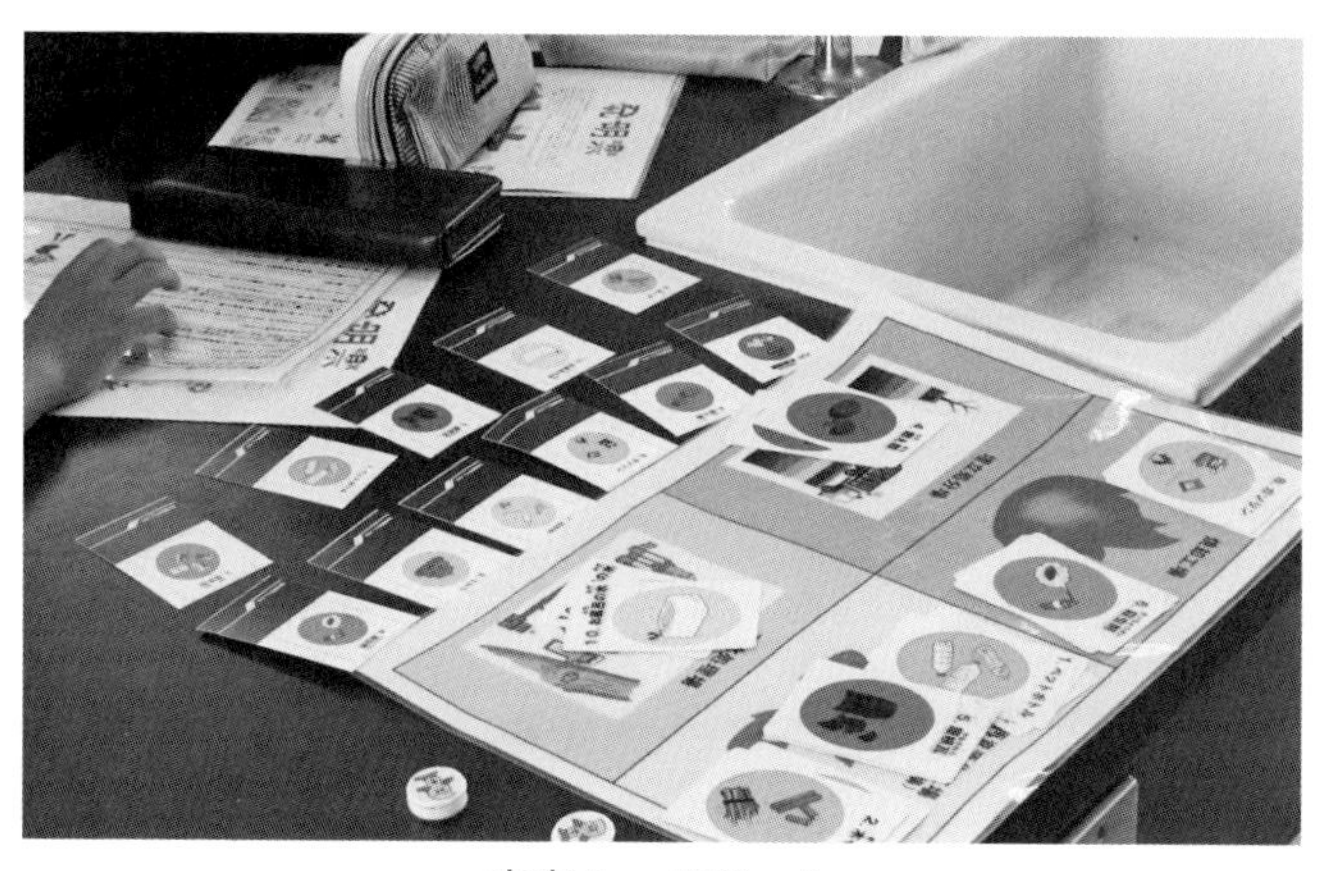
産廃カードゲーム

本社ビルの屋上に太陽光発電パネルを設置したり、プラントの排熱を利用したバイナリー発電をしていたりと、既に使用する電気の一部は自家発電で賄っておられます。

地域との関わりのある取組みで分かりやすい事業は出前授業です。地域の小学校や中学校、企業に社員が赴き、「環境保全」や「ＳＤＧｓ」をテーマに授業を行っておられます。参加者の皆さんはリサイクル製品を手にとって触ってみたり、産廃カードゲームをしたりして白熱し、盛り上がるそうです。

次に、ＳＤＧｓへの一連の取組みで、プラス効果が感じられたことをお聞きしました。

社長いわく、間違いなく企業イメージアップにはなったとおっしゃいます。特に行政のリアクションが違ってきた、と。

社会的意義のある取組みをする先進的な企業という位置付けになり、ご本業の許認可にもきっと好影響が出ているものと想像できます。

これには、令和2年（２０２０）11月に鳥取県西部広域行政管理組合と締結された「緊急事態発生時における廃棄物処理に関する協定」の存在も大きいと思われます。

この協定は、大災害が起こった際に発生する大量の一般廃棄物の処理を一時的に手伝う、という趣旨のものです。昨今の異常気象における大雨や台風による浸水被害等の写真などで被災した家屋の残骸や家財等の量の多さを想像すれば非常に価値のある取組みである、というのが分かります。

今後の展開として、遠い将来にはＳＤＧｓの先進的な取組み企業で編成されるサプライチェーンが生まれたらそこに参画したり、現在は鳥取県においてＳＤＧｓに「取り組む」というレベルでパートナー制度が走っていますが、近い将来にCO_2排出量など具体的な数値目標制度に移行するのではないでしょうか。行政の舵取りの

本社ショールーム

部分がＳＤＧｓ推進への影響としては大きいのではないか、と推察されます。

自社の取組みとしては、ご本業自体がＳＤＧｓと親和性が非常に高く、取組みそのものが特に変化することはありませんが、ＳＤＧｓに特化した事業を創出するかどうか、現時点では岐路に立っているとのご認識です。その中でも「脱炭素」が近未来としては描きやすいとおっしゃいます。

最後に、これからＳＤＧｓに取り組む中小企業の社長さんへのアドバイスとして、最初に自社の事業をＳＤＧｓゴールによって分類して、自社のことをＳＤＧｓの切り口を通して知る、という意識付けからスタートするのがいいのではというお言葉でした。

伊達さんからは、前出の「出前授業や工場見学で地域の方と接する機会を増やしていきたい」というお言葉、山本さんからも同じく、「地域の方にもっと弊社の活動を知ってもらいたい」というお言葉をそれぞれいただきました。

ここで冒頭に紹介した企業理念の一節を思い出しました。地域になくてはならない企業であり続けること。社長さんの言葉をお借りすると、最初は「あったんだね」から「あったらいいよね」、そして最後には「なくては困るよね」という企業でありたい、進化したい、という社長さんや従業員の方のお気持ちがひしひしと伝わってくるインタビューでした。

interviewee

代表取締役社長
三輪 昌輝さん

平成30年（2018）4月代表取締役社長就任
環境計量士、作業環境測量士などの取得を所有し、廃棄物処理及び環境事業に27年間携わる

伊達 俊子さん

CS推進部総務・人事課 主任　総務・広報業務及びSDGsの企画・推進を担当

山本 歩美さん

CS推進部総務・人事課 総務・広報業務及びSDGsの推進を担当

日々の事業活動こそがＳＤＧｓに直結している

三輪　昌輝

廃棄物処理を主軸とした総合環境事業を営む当社は、企業理念に基づき地球環境保全や地域貢献活動を通じて「地域にとってなくてはならない企業であり続けること」を目指し、日々の事業活動に取り組んでいます。また、当社の事業内容はＳＤＧｓとの親和性が非常に高く、事業活動へ取り組むことがＳＤＧｓに直結していると認識しております。当社は平成30年（２０１８）よりＳＤＧｓの趣旨に賛同するとともに、令和２年（２０２０）にはとっとりＳＤＧｓパートナーに登録し、環境側面をはじめとして社会、経済の側面ともに取組みを推進し、一歩一歩着実に日々の事業活動へ取り組みながら、さらなる事業を拡大していくことによって、ＳＤＧｓの達成に貢献したいと考えております。

そして、廃棄物処理を中心とした事業活動自体が、地球規模の気候変動に影響を及ぼしていることを自覚し、廃棄物を処理する新技術の確立のほか、工場等における使用電力量の削減やCO_2排出量の削減に積極的に取り組み、太陽光発電やバイオマス発電等の廃棄物に由来する自家発電量を増やすことなどによって、電力会社から購入する火力発電由来の電力量を減少させていくなど、カーボンニュートラルへの取組みにも注力しています。

また、当社の財産である社員の満足度を向上させていくため、特例子会社の事業拡大をはじめ、職場の労働安全対策の強化や雇用条件の見直し、各種福利厚生制度の充実を図り、女性活躍を推進するため女性の職域を拡げ、管理職登用を行うなど、それぞれの社員が仕事に誇りを持って、「楽しく」「真面目に」「一所懸命」行動できる職場環境を提供しつづけています。

そのため、事業規模拡大による地域貢献や「緊急事態発生時における廃棄物処理協定」の締結など、災害時であっても環境に関する側面について地域が困ることがない体制の支援環境を整え、地域にとってなくてはならない企業として実現したいと考えています。

第5章

SDGsには、数字で計れないメリットがたくさんあります

流通株式会社

〔所在地〕〒682-0801
鳥取県倉吉市巌城997-3
〔設　立〕昭和52年（1977）7月1日
〔事業内容〕運送・バス・イベント・人材サービスなどをメインとした地域密着サービス業
〔従業員〕129名
〔HP〕ryu-tsu.jp/

さて、次は鳥取県の中部地域にある白壁土蔵群で有名な倉吉市に来ています。目的地は本社が倉吉市にある流通株式会社です。

経営理念は「地域密着型に徹し、常に顧客に喜ばれる仕事に挑戦して、発展し続ける経営」でいらっしゃいます。

広い意味での人材サービスとして地域密着サービスを共通ドメインとして事業を

多方面展開されています。

玄関で江原剛社長と社長室の東谷夏希さんにお出迎えしていただきましたがお揃いの赤白のギンガムチェックのシャツにベージュのチノパンという出で立ちです。これは、江原社長が平成27年（２０１５）にユニフォームとして採用したもので、流通さんの貴重なブランド戦略になっているとのことです。ひと目で流通さんと認識してもらい、10代から70代まですべての社員が明るく仕事ができ、地域の方にお気軽に声を掛けてもらえるよう工夫されたものです。

このような明るい雰囲気の職場を通

ランドセル譲渡会でランドセルを選ぶ様子

り、応接室で社長インタビューを開始しました。

社内でＳＤＧｓの主担当として頑張っておられる入社６年目の東谷さんも同席しておられます。

まず最初に江原社長にＳＤＧｓを始めたきっかけをお聞きしました。江原社長曰く、以前はＳＤＧｓって大企業がするもの、というイメージだったそうです。中小企業のブランディングで有名な村尾隆介さんの著作を読んで、中小企業でもなにかできるかも、と思い、社長の奥様の江原朋美さんが主体となって、ランドセルプロジェクトをスタートさせた、とい

譲渡会参加者のサンキューカード

うことです。正確には「ランドセルＦＯＲＡＬＬ」。使わなくなったランドセルを寄付していただき、流通がハブとなりメンテナンスした後に次の世代特に日本在住の外国籍の子どもたちにつなぐ、というコンセプトです。県内複数箇所に回収場所を確保し、総数２１７個ものランドセルが集まったとのこと。このプロジェクトをスタートさせたのが令和２年（２０２０）10月で約３か月後の12月には初回の譲渡式を行ったとのことで大変スピード感のある展開だと感じました。

プロジェクトは、朋美さんと東谷さんが中心でした。プロジェクトのスタート

2020年ランドセル譲渡会の様子

は10月でしたがサンキューカードの作成などは9月から始めたとのこと。東谷さんに当時の心境を伺いました。そもそもＳＤＧｓというワード自体聞き慣れない中、朋美さんからプロジェクトの話を聞いて、最初は集まるか不安でした。でも実際は約２００個という予想を超える数が集まったので世の中の関心が高いなと思いました。集まったランドセルの行き先は、最初は県内の外国籍の方にお声がけした結果、４家族に渡りました。残りは東京の認定ＮＰＯ法人キッズドアさんを通じて国内の子ども支援の一環として渡り、一部は鳥取市の西川商会さんを通じて南米数か国の子どもたちにも届けることができました。また、この活動をＳＮＳでも発信していたところ、熊本の支援団体から連絡をいただきました。被災地の支援物資として全国から寄せられたランドセルの一部を寄付したいと申し出てくださり、今回の活動にご協力をいただきました。ここで江原社長が、「このプロジェクトは単なるモノとしてのランドセルが動くのではなく、心も動くんです」との言葉が印象的でした。ランドセルにはランドセルの持ち主からのメッセージを添え、そのランドセルを受け取った方からはサンキューカードを返送していただく仕組みです。

子どもの成長と共にあったランドセルはどこのご家庭でも捨てられないモノになり、ただ、このプロジェクトをきっかけに親御さんや子どもの思いと一緒に次の使用者に渡るのはとても意義深く素敵なことだと思います。

ここで会社経営的に心配になるのが、このプロジェクトに投入した経営資源ですが、江原社長いわく、人的な負担は朋美さんと東谷さんと他社員数人、費用的な負担もダンボールとサンキューカードくらいで、一番懸念していた配送料もキッズドアさんや支援団体に持っていただいてほとんどキャッシュアウトはなかった。という

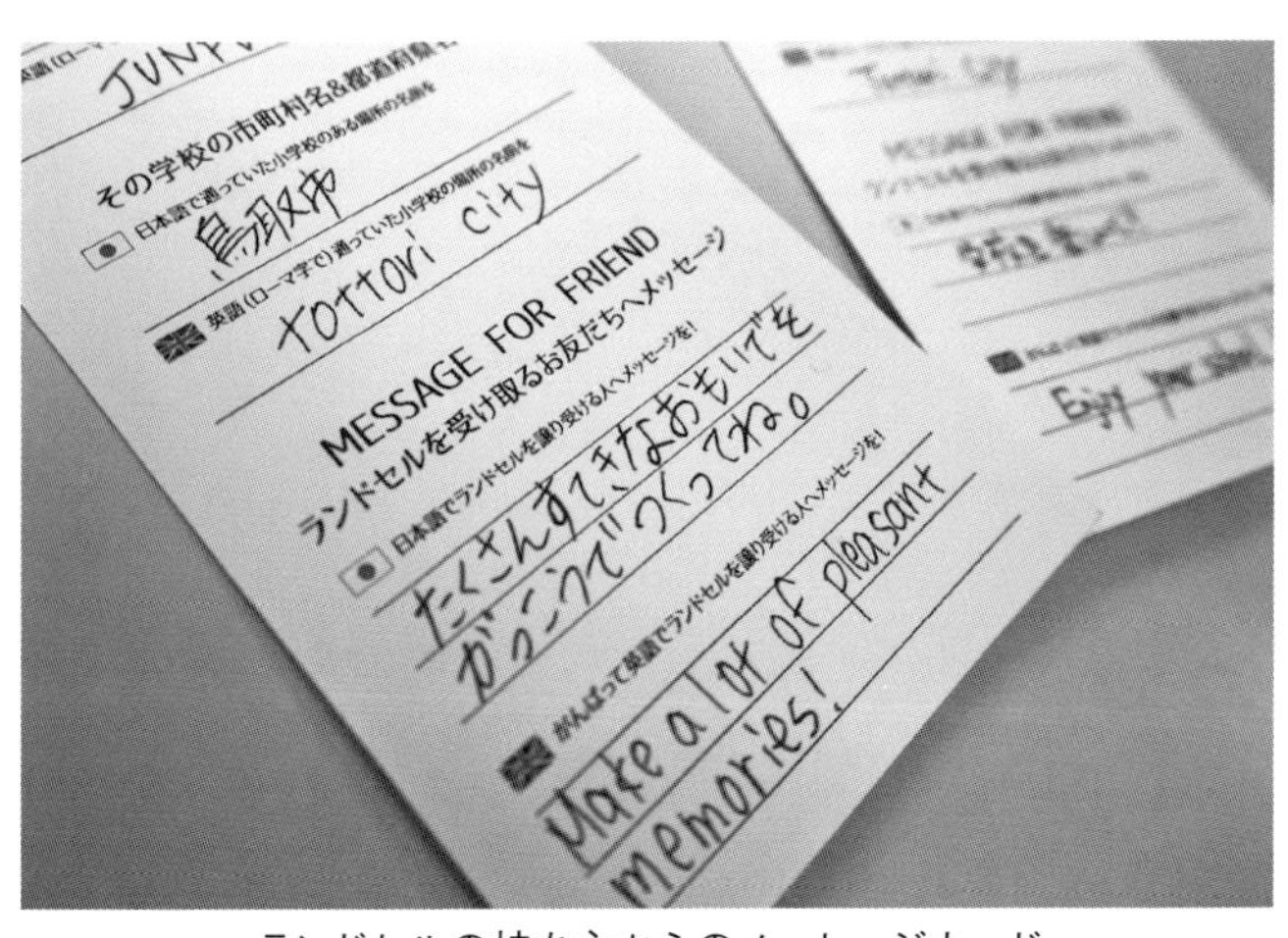

ランドセルの持ち主からのメッセージカード

ことです。また、このプロジェクトの副次的なというか二次的な効果もありました、ということで、江原社長が教えてくださったのは、流通さんがご本業で付き合ってきた客層とはまったく異なる一般のお客様が本社や営業所にランドセルを持ってきてくれ、その際に対応する社員との会話が盛り上がったり、ランドセルをネタに社員間の会話が増えたことも当初予定していなかったメリットでした、と。

今後のランドセルプロジェクトについて江原社長にお聞きすると、初回が結果的にメディアにも大きく取り上げられて、それが社員さんたちの知るところになり、今度はボトムアップ的に社内にＳＤＧｓを広げる基礎ができたので、次回は初回よりもより多くの社員を巻き込み、1か月に1回各部署で行ったＳＤＧｓ活動をシェアする機会を設けるなど、進めていきたい、と。東谷さんも、「全社員で関われるような仕組みづくりを行いたい」とおっしゃいます。また、江原社長はランドセルプロジェクト以外にも社員の中からナイスアイディアが出てくれれば、ランドセルプロジェクトのように大きく展開させることも視野に入れています、とおっしゃいます。地域の他の会社さんとコラボする可能性もある、と。

ランドセルプロジェクトに代表されるＳＤＧｓの取組みが会社にどのようなメリットをもたらしたか、と社長さんに質問すると、1つにはブランディング、もう1つにはリクルーティングとおっしゃいます。確かにランドセルプロジェクトのメディア露出は目覚ましいものがあり、新聞も全国紙から地方紙複数、テレビも複数番組に数え切れず出て、流通＝ＳＤＧｓに積極的なイケてる会社、というイメージが確立できたようです。また、リクルーティングにおいて学生サイドからＳＤＧｓについて聞かれる機会が多く、優秀な人材確保という面からも有益だということです。ちなみに鳥取県が進めているＳＤＧｓ推進施策の中の「とっとりＳＤＧｓパートナー制度」の第1号企業として認定されています。

今後、ＳＤＧｓを地域で進めていく中で江原社長が行政に期待していることをお聞きすると、例えばCO_2排出量等の数値的指標だけでくるような認証制度はできれば採用せず、数値では表せない部分も評価する仕組みにしてほしい、ということです。

江原社長に全国から視察希望が相次いだら受け入れていただけますか？とお聞きすると満面の笑みではい、とお答えいただきましたのでぜひ、皆さんも現地に足を運んでみるのはいかがでしょうか？

interviewee

代表取締役社長
江原　剛さん

昭和48年（1973）鳥取県倉吉市生まれ
平成12年（2000）父親の創業した山陰流通センター㈱、現社名流通㈱に入社
営業課長、松江店長、副社長を経て、平成19年（2007）代表取締役就任、現在に至る

Fake it till you make it.

江原　剛

人類がやっと宇宙の入り口にたどり着いたばかりの宇宙開発黎明期、ケネディ大統領は「アメリカは１９６０年代が終わらないうちに人間を月に送り、安全に地球に帰還させる」と宣言。この意欲的な目標の宣言がなければ、その後本当に実現した人類の月面着陸はなかったであろうと言われています。

２０３０年の世界が目指す姿を集約したＳＤＧｓは、これに近い意欲的な目標の宣言だと思います。だからこそ、人類の一員としても、田舎の小さな会社の経営者としても、この時流に乗り遅れることなく、自らの領域においてその一端を担いたい。そんな想いを持ったものの、具体的にわが社が何をすればいいかわからない、というのがＳＤＧｓに向けた取組みの最初の一歩でした。

そんなときプロボノとして関わっていただいた村尾隆介さんからヒントをいただ

いて実施した初年度のランドセルプロジェクトは、わずか2名のプロジェクトメンバーだけで実施して予想外の反響を呼びました。

取組みの第2フェーズとして、2年目のランドセルプロジェクトはすべての部署が関わるプロジェクトとして実施することで、ＳＤＧｓへの取組みで得られる充実感の社内浸透を図りました。

令和4年（2022）からは全部署から立候補したメンバーで構成するＳＤＧｓ推進委員会を設置し、わが社のＳＤＧｓへの取組みも第3フェーズに入っています。各部署で考えたＳＤＧｓに関わる何らかの改善や新たなルールを毎月原則17日に行う委員会でプレゼンし互いをインスパイアしながら、優秀な取り組みには年2回の全社行事でアワードを贈ります。

「ＴＥＡＭ流通のＳＤＧｓ～各部署で毎月一歩ずつ～」と名付け、毎月続けていくことで、会社全体が無理なくＳＤＧｓ活動に取り組める体制をつくり、自然なかたちでわが社の事業全体がＳＤＧｓ的になるような取組みを目指しています。

第6章

脈々と続く自社事業をSDGsで見つめなおす

坂口合名会社

〔所 在 地〕〒683-0814
鳥取県米子市尾高町66番地
〔設　　立〕大正9年(1920)9月
〔事業内容〕林業、土地・建物の管理運営、ボウリング場の経営、生保・損保代理業
〔従 業 員〕23名
〔H　　P〕sakaguchi-g.jp

本日は米子市にある坂口合名会社に来ております。

坂口合名会社は代表社員社長の坂口平兵衞さんが6代目で、会社の源流は260余年前の江戸時代中期の宝暦年間で、米子で始めた木綿商が祖業です。山陰の商都米子を代表する企業で、坂口社長は米子商工会議所会頭も務められています。

坂口合名会社本社ビル（尾高町、昭和６年〔1931〕建造）

《つなげたい「信用」、大切にしたい「誠実」、途切れない「チャレンジ」》《Credit×Sincere×Challenge》を企業理念として掲げられています。

坂口平兵衛代表社員社長（以下「坂口社長」）と藤山忍総務部長（以下「藤山部長」）にお話をお伺いしました。

まず最初に現在の事業展開についてお伺いします。

社長　不動産事業、山林事業、エネルギー事業、ボウリング場経営がメインです。

不動産事業は米子市、境港市両市を中心に土地を所有し、個人・法人のお客様との

山林事業（植栽、間伐）

約５００件の土地賃貸借契約を管理しています。

山林事業は、１００余年にわたり社有地においてスギ、ヒノキを中心に植栽し、下刈り、間伐を丁寧に行い成長した木を販売しています。

全部で約１，８００ヘクタールの森林を保有しております。中には、昭和初期に植林した樹齢80年を超える木も多くあります。

エネルギー事業は、市内２か所に太陽光発電所を保有し、計９５０キロワットの発電量で一般家庭なら約３００世帯の消費量をまかなえる電気を発電しています。

エネルギー事業（太陽光発電所）

会社の260余年に及ぶ沿革や現在の事業展開をお聞きするとSDGsと親和性が高い会社だということが容易に分かります。

まず、260余年も企業が存続してきたことが即ち外部環境と共存してきた証であり、つまり、自分だけ儲かれば良い、という理念では到底企業も存続し得なかったであろう、と思います。現代のSDGsのように「地球」という概念は江戸時代、明治時代には薄かったと思いますが、それとほぼ同義で「地域」という概念があったのだろうと類推します。「地域と共存」というキーワードが企業永続のポイントでしょうね。

社内でSDGs理解を深める旗振り役を努めていらっしゃる藤山部長にお伺いします。大変社歴の長い会社ですが、SDGsへの取組みを始められたきっかけは何ですか？

部長　令和3年（2021）4月に鳥取県のSDGs施策の「とっとりSDGsパートナー制度」へ登録することが社内で決まってから、ですね。

当社は山林事業などSDGs貢献度が高いと思われる事業を展開していますが、それまでに社内では、「SDGsしてる！」という意識は低かったので、それが契機になったと思います。

社長の一言、というよりもボトムアップ的に社内有志から声が上がった、という感じですね。

社員の意識の醸成手段として社員勉強会や社内報での情報発信をしています。

当社がSDGsに取り組む理由を皆で考えました。

理由として、SDGsについて学校教育の場で学びがあり、将来を考える世代が増えることが想定されること。

本店（博労町）周辺の美化・清掃活動

鳥取県のＳＤＧｓへの取組みが国内でも評価が高く、その影響でＳＤＧｓに取り組む企業が県内で増えていること。

ＳＤＧｓへの取組みをしていることが、ビジネスとしての取引条件となってきているということ。

17のゴールが個人レベルから実行できること、つまり小さな企業でも可能だろう、ということ、小さな企業でもできることがあるはず！という考え。

社会課題の解決に貢献することが従業員のモティベーションにつながるであろうこと。

１００年をさらに超える企業になるため

には自社の利益だけを追求する企業では存続できないであろうこと。

これらすべてが従業員のモティベーションになって企業イメージが向上し、優秀な人材を獲得、確保でき、ＳＤＧｓへ積極的に取り組む企業として新しいビジネスチャンスが生まれる可能性も出てくると思います。

また、企業に求められる一番大切なこと、永続するためにも事業で利益を得て、従業員に十分還元できる企業であり続けたいと思います。

こんなことを社員間で共有し、とっとりパートナー制度に登録する運びになりました。

パートナー制度では、自社ボウリング場での健康ボウルの実施を通し、年齢を問わず全員元気な会社を目指しています。また、社内での再生紙の使用やゴミの分別を行うほか、１００年以上にわたる林業経営の強みを生かした山林保全、整備を実施し、これにより豊かな水を育み山地災害を防止するなど山林としての機能発揮に貢献しています。

今後も、従業員のＳＤＧｓへの意識を高めながら前述の活動に継続して取り組む

ボウリング事業（YSPボウル）

ことで、ゴール3をはじめとしたＳＤＧｓの達成に貢献していきます。

このような目標を掲げられており、大変素晴らしい取組みだと思いました。

社長のトップダウンでＳＤＧｓ活動を始める会社さんが多い中、社員の中から自然発生的に有志がボトムアップで会社を動かしたというのは、やはり、社歴２６０余年という深み、強みが為せる技だと考えます。

社風というのは確かに存在して、会社の玄関をくぐると各会社さんの社風が自然と感じられるものです。

坂口合名会社には長い歴史とそれを培っ

てきた社員さまのプライドや矜持、というものが強く伝わってきます。

また、他の企業さまでも同様の例がありましたが、ＳＤＧｓの取組みを新規に始める！ではなく、脈々と継続してこられた自社事業を「ＳＤＧｓ的」視線、視点で見つめ直していく、というのを主眼にしておられるのも１つの代表的なＳＤＧｓ導入の形態です。長く続いている企業さまには必ず、地域や他者との共存、というエッセンスが入っているはずなので、「今までと違う視点で自社事業を見てみる」のは有効、有益だと考えます。

坂口合名さんの場合にはボウリング事業での健康ボウルの推進でゴール３、太陽光発電でゴール７、13、企業が存続することや働き方改革の実践でゴール８、森林保全でゴール13、14、15、資源ごみの分別、特定業者への回収依頼でゴール14、とっとりＳＤＧｓパートナー制度への参画でゴール17など、すべての事業がＳＤＧｓのほぼすべてのゴールとリンクしていました。

interviewee

代表社員社長
坂口 平兵衛さん

昭和56年（1981）慶應大学卒業後、東京海上火災保険㈱（現：東京海上日動火災㈱）へ入社。

昭和62年（1987）同社を退職し、家業の坂口合名会社へ入社する。

平成12年（2000）代表社員社長へ就任、平成19年（2007）には米子商工会議所会頭に就任。

令和３年（2021）第４代平兵衛を襲名し、現在に至る。

総務部長
藤山　忍さん

坂口合名会社におけるSDGs取組みの旗振り役としてリーダーシップを発揮。

今も昔も将来も、すべての取組みは小さな個人の一歩から

坂口　平兵衛

当家は江戸中期より私で12代となります。

初代平兵衛は山林を集積し、明治42年（１９０９）には１，５５５町８反２畝27歩あったと聞いております。

そして、戦中戦後森林資源が枯渇した状態から、適正な造林や手入れを地道におこない、現在、森林の資源量は充実してきていると思います。

植栽した樹木で最も古いものは１００年生以上となり、森林の真の価値を高めるに至っています。

先人の為した事業は現在の求められている森林としての機能を十分に発揮しているものと考えます。

これは、一朝一夕では成しえない作業であり、今も継続している事がＳＤＧｓの一

端を担っているのではないかと思っています。

つまり、ＳＤＧｓを特に意識することもなく環境の視点で考えていけば目標の一つに向かっていると思いました。

遮二無二、目標を掲げる事より、将来の世代が必要とするものが無くならない為に今できる事は何なのか、これからしなければいけない事は何なのかと思いを馳せる事が、自然体で目標に近づけるのではないかと思います。

私は会社の社長をしておりますが、社長である私の考えを従業員に上手く伝え、同じ思いを持ってもらえれば会社自体もＳＤＧｓの目標達成に近づけるのではないかと思います。幸いにも、当社の従業員は私よりもＳＤＧｓに対しての意識が高く、教えられる事がたくさんあります。

そうしたなか、世界が直面している課題に取り組むワンステップは小さい個人の一歩ではないかと思っています。

17の目標は、すべての人が持っています。

第3部

対談：SDGs伝道師×鳥取県

SDGs先進県として考えるこれから

本章は令和４年２月に行ったインタビューです。

2年連続全国1位に！ SDGs先進県として官民一体でGO

柳谷理事長（以下「柳谷」）

今日は県庁新時代・ＳＤＧｓ推進課長さんへインタビューさせていただきます。

まず、鳥取県がブランド総合研究所のＳＤＧｓ取組み評価ランキングで２年連続１位を獲得されましたが、その感想を含め、現場の色々な施策の取組み、苦労した話を聞かせていただければ幸いです。

理事長
柳谷 由里

H16学校法人米子自動車学校、学校法人かいけ幼稚園の理事長に就任。R3からはSDGs手当を創設するなど、本気の環境保護活動を推進中。

政策戦略監新時代・
SDGs推進課　課長
林　公彰

H7鳥取県教育委員会で採用、その後知事部局へ。広域連携課課長補佐、財政課課長補佐を経てR2年4月総合統括課長に就任。R3年7月より現職。

政策戦略監新時代・SDGs推進課　林　公彰課長（以下「課長」）

ブランド総合研究所が実施されている調査で、2年連続で全国1位ということでした。

これはどのような調査かと申しますと、住民の方に行政の取組みを評価していただくもので、それで高評価をいただいたことは、鳥取県のSDGsの取組みが県民に浸透していること、そして評価をいただいていることに対して率直に喜んでいるところです。

柳谷　ここに至るまでのところで、この取組みが良かったな、このやり方が良かったな、と思われることがあれば教えてください。

課長　県民の方に高評価をいただいたわけですが、今回から調査項目が増えております。2年連続1位だったのは全体としての行政の取組みだったのですが、今回からゴールごとの取組み状況についても評価をされておりまして、その中で鳥取県はゴール3「すべての人に健康と福祉を」とゴール11「住み続けられるまちづくりを」、この2項目でトップを取らせていただきました。

例えばゴール３で申しますと、県が行っております新型コロナ対策や健康づくりの取組み、医療・介護の人材育成・確保、そのような取組みが評価されたのではないかと思いますし、ゴール11では、移住・定住や関係人口を増やす取組み、県内の若者就職の取組み、中山間地域対策の取組みなどが評価されている。要は当課だけではなく、県のあらゆる部局が取り組んできたことが評価されたということです。

鳥取県は令和２年（２０２０）４月に「とっとりＳＤＧｓ宣言」をいたしました。その中には鳥取県らしくパートナーシップで取り組んでいこう、環境・社会・経済の３側面を統合した取組みをしよう、また、それに加え県民と目標を共有し取り組んでいこう、ということが謳ってあります。

また、県民と目標を共有するためのツールとして「鳥取県ＳＤＧｓローカル指標」を創りました。

国連でもそれぞれのゴールごとに達成指標というものが策定されていますが、これを鳥取県に当てはめても、県民の方にはイメージが湧かないということがあります。

例えば、ゴール２の「飢餓をゼロに」というのがありますが、国連の指標で言うと、飢

林課長とのリモート対談の様子

餓の終了や栄養改善などざっくりしていたり、鳥取県に当てはまらないような指標だったりします。そのため、県民の方により分かりやすい指標をということで、新規就農者数や農業産出額、食料自給率といった県民に身近な指標を、ゴールごとに設定して達成状況を把握し、県民と目標を共有するローカル指標を設定しました。つまり県民が分かりやすい取組みをやっていこうとしたことが理由の１つとしてあるのかなと思います。

また、行政だけで取り組んでいてもなかなか県民に浸透しないだろうということがあります。やはり普及啓発というところでは官民連携で取り組んでいくことが大事ですので、「とっとりＳＤＧｓネットワーク」という官民連携の組織を設けております。商工会議所連合会や金融機関、ＮＰＯ、障がい者団体、大学、メディアなど様々なステークホルダーの方に参画いただき、そういった方々と皆で一緒になって取り組んでいるということがこのような結果につながったのではないかと考えております。

柳谷　はい、ありがとうございます。先ほど「ローカル指標」のお話が出ました。県民から見て身近な指標を、ということで官民で目標を共有し、ということですが、このあたりは新時代・ＳＤＧｓ推進課の方で目標設定をされたのですか？

課長　そのとおりでございます。もちろん、各部局とも相談しながら当課で取りまとめたということです。

柳谷　良い取組みですね。そのローカル指標は県民に対してどのような方法で知らせていらっしゃいますか？

課長　県のホームページ（以下「ＨＰ」）でご覧いただけるようになっています。

柳谷　そうですか、ありがとうございます。

今後、県民だよりなど、HPを見られない方にローカル指標が伝わるようにされるご予定などおありでしょうか。また、そのようにしてもらいたいな、ということを思ったわけですが何か考えていただけると嬉しいのですが、如何でしょうか?

課長　誰もがアクセスしやすいように現在HPにて公開していますが、やはり「デジタルデバイド」という言葉があるように、例えばお年寄りの方にどうやってお届けするのか、というのは課題だと思っておりますので、考えて参りたいと思います。

柳谷　一度に17項目というのは非常に多い分量になりますが、例えば毎月誌面の一部分をSDGsのコーナーにいただいて1ゴールごとにお知らせし、このような取組みをしているんだな、というのがHPを見ない方、お年寄りにも伝わっていくと嬉しいな、と思った次第です。

ご検討いただければ幸いです。

はい、それでは鳥取県はほかにも「とっとりSDGs若者ネットワーク」であったり「とっとりSDGsネットワーク」などされています。

そのあたりの取組みの進捗などもご教示いただければ幸いです。

課長　まず「とっとりＳＤＧｓ伝道師制度」ですが、柳谷理事長さんにもご就任いただき誠にありがとうございます。

こちらは、やはりＳＤＧｓに対する県民の関心が非常に高まっているということがございまして、研修をしてほしい、お話を聞きたい、という要望が非常に多く寄せられています。

県職員として、そのような要望にお応えしないといけないということはありますが、ＳＤＧｓに関して専門的なお話を伺いたい、子ども向けの噛みくだいたお話をしていただきたい、など様々な種類の要望があります。

我々行政職員はどちらかと言うと堅い話になりがちですので、専門の方に上手にお話をいただくというのがよろしいのではないかと考え、山陰合同銀行さんや流通さん、ＲＩＣＯＨさんなど、民間企業等でＳＤＧｓについての見識をお持ちの方を「とっとりＳＤＧｓ伝道師」として任命し、講師として派遣させていただいているところです。

この制度は令和３年（２０２１）５月から始めましたが、既に30件を超える申請をいただいており非常に好評です。

しかしながら今年度はコロナ禍でございまして、なかなか予定どおり開催することができませんでしたが、コロナが収まりましたらしっかり運営して参りたいと思います。

次に「とっとりＳＤＧｓパートナー制度」でございます。

こちらは、県内のＳＤＧｓに取り組む企業や団体の方などに自己申告で申請いただくと、基本的にどなたでもパートナーに登録していただける制度です。

この制度に登録いただくことでパートナー登録者同士のネットワークを構築しておりまして、県からのお知らせや情報発信、パートナー登録者からの情報、外からの情報、そういったものをネットワークで情報共有したり、県で構築しているポータルサイトにおいて登録者のＳＤＧｓの取組みをご紹介したり、活動の支援もさせていただいています。

この制度は大変好評をいただいており、もともと「令和6年度末で３００社」を目標としてスタートしましたが、令和４年（２０２２）2月末時点で４４３社と、既に目標を達成している状況ですので、現在は目標を５００社に引き上げて取組みを進めています。

続きまして「とっとりＳＤＧｓネットワーク」でございます。とっとりＳＤＧｓネットワークという普及啓発、実践推進の旗振り役として官民連携の組織を立ち上げております。代表は鳥取県商工会議所連合会の児嶋会長でございます。

このネットワークは様々な普及啓発を行っておりますが、メインは令和3年（２０２１）の11－12月にかけて「とっとりＳＤＧｓシーズン２０２１」と銘打った普及啓発強化月間で、集中的にイベント等を行いまして啓発事業を開催したところでございます。

内容としましては、山陰合同銀行の伝道師によるセミナーや、南部町で生物多様性保護の取組みをされている方、隼Ｌａｂ．の運営者といったＳＤＧｓで頑張っておられる方々によるトークセッションの動画配信などを行いました。コロナ禍で集客イベントは開催できないので、配信動画を県のポータルサイトにて公開するなど、オンラインを中心としたイベントを行いました。

また、鳥取商工会議所と連携して若桜街道商店街にＳＤＧｓフラッグを掲出したり、鳥取駅前バードハットをＳＤＧｓカラーでライトアップするなどのイベントも開催しました。

鳥取市内の商店街さんともタイアップしまして、各店舗の中でＳＤＧｓにちなんだ講座やイベント、催しをやっていただくなど、様々な取組みを行いＳＤＧｓが身近なものになるように普及啓発を行ったところです。

最後は「とっとりＳＤＧｓ若者ネットワーク」でございます。

こちらは県内の若者に意欲的に立候補していただきご参画いただいていますが、若者らしく斬新なアイディアを活かしていただこうとの思いで運営しています。

これまでに、自社がどれだけＳＤＧｓに沿った取組みができているか、アプリに入力すればチャートでアウトプットされるような企業向けアプリの開発や、子どもたちでも遊べるようなカードゲームの開発などに取り組んできました。令和3年度は、絵本の開発や、海岸でのワークショップなどの体験型イベントの企画などの活動をしていただいております。

今後も引き続き若者の力を借りながら様々な世代に働きかけられる取組みをやっていきたいと考えています。

柳谷　はい、分かりやすくご説明いただきありがとうございます。

令和４年度予算の施策の中でＳＤＧｓ達成への貢献度が高いな、と思われるものをいくつかご紹介いただけますか？

課長　まず、当課での取組みをご紹介させていただきます。

当課ではＳＤＧｓの普及啓発や実践促進の取組みを行っております。

令和４年度の新規施策としまして、県内でＳＤＧｓ推進の機運が高まってきているということで、こういった方々の動きをさらに促していくというところを主眼にしまして、どのようなニーズがあるのかパートナーの皆様にアンケートを実施したところ、「パートナーになったのはいいけれど、何をしたらいいのか分からない」「他のパートナーさんと連携して取り組みたい」「外部の方と連携して取り組みたい」というような意見が多数寄せられたので、こういった動きをつなぐ、マッチングの取組みを行ってみようと考えております。

また、そのパートナーシップを活かしながら各地域で取組みを実践してもらおうということで、まずは学校を中心に、つまり学校と地域で連携してＳＤＧｓの取組みを実践していただき、その模様を映像として残させてもらい、ＳＤＧｓ教材として活用していく。できればそれをゴールごとに作ることができれば、教材として活用してもらえるのではないかと考えております。

柳谷　学校も色々ありますが、その事業でイメージされている学校はどの学校ですか？

課長　小学校です。

柳谷　続いて、令和４年度に予定されている他の施策はありますか？

課長　パートナー制度よりさらに上のレベルで、企業の方にＳＤＧｓに取り組んでいただく認証制度を作ろうとしています。また、ＳＤＧｓの先進的な取組みをしている企業の方々を表彰しようと、「とっとりＳＤＧｓビジネスアワード」を創設し、優れた取組みをしている企業を表彰することによって、企業が行う優れた取組みの情報発信と実践促進をしていけたらと考えています。

また、学校での実践、子どもの実践を促していくことが必要と考えまして、「とっとりＳＤＧｓこども伝道師制度」を創ろうと思っています。

これは理事長さんにもお願いしています伝道師とは異なりまして、学級単位をイメージしていますが、学級単位でまずはＳＤＧｓの勉強をしていただく。勉強した上で得た知見を利用して何らかのＳＤＧｓの取組みをやっていただく。そして２０３０年に向けてメッセージを一人ひとりが作成する、という3点セットの取組みをしていただいたことをもって、あなたはＳＤＧｓ子ども伝道師ですよ、と任命させていただく。これを、ＳＤＧｓを実践するインセンティブにしていただいたり、私もやってみたい！と他の学校の子どもたちにも思ってもらったり、あるいは目標にしてもらったり、モデル的な取組みとして発信していくなど色々なことができると思っています。

柳谷　ありがとうございます。取組みを後押ししていただける施策でありがたいです。

だいたいそのような感じですか？

課長　当課につきましてはこのような感じですが、県庁の他の課の施策についてお話しします。

先ほど少しお話ししましたが、企業を対象とした認証制度を創ります。これは全国でも都道府県レベルでは初の取組みで、この内容につきましては、現在ＥＳＧ経営が企業には求められていますが、そうした取組みをしている企業を認証することによって「見える化」して、そういった優れた取組みをしている企業さんがありますよ、ということでその企業さんの価値向上を後押しする。そこに外部からの、例えば金融機関からの資金の流入があって、さらに大きな市場が形成され企業の成長が促進されたり、さらに企業さんが自社だけが成長するのではなく地域の課題解決にも取組みを進めていっていただく、このような好循環を生み出していくことが最終的な目的であります。

その第一歩として、鳥取の「ＳＤＧｓ企業認証制度」を令和４年度から本格運用します。

鳥取県には中小企業が多いので、なかなか一足飛びには、山陰合同銀行さん、ＲＩＣＯＨさんのようにＳＤＧｓの取組みを本格化することは難しいかもしれませんので、認証制度に取り組みたいという企業さんがおられたらまず、申請につながるアドバイスや支援させていただく相談窓口を設けるなど、伴走支援の仕組みを設けようとしております。

その次に、実際に認証された企業さんには、マーケティングなどの調査研究や試作品の開発、アイデア実証の取組みをされる際の財政的支援をインセンティブとして用意したり、あるいは運転資金、設備資金など県の制度融資の仕組みを使って利率を優遇するなど資金面でも支援したりと、認証企業に名乗りを上げようという企業さんを増やしていこうとする取組みをスタートさせようと考えています。

これが企業支援の仕組みで新しい事業になります。

柳谷　非常に喜ばれると思います。どちらの課が主管されるんですか？

課長　商工労働部が行います。

柳谷　ありがとうございます。楽しみですね。

課長　次は環境関係です。

ＳＤＧｓと言えば環境と切っても切り離せない分野でありますので、多くの新しい事業があります。

例えば、「鳥取スタイルＰＰＡ」という、新たな再生可能エネルギー導入の仕組みを令和４年度から推進していきます。

これは、自宅等の屋根を地元の発電事業者に貸し出して太陽光発電設備を導入してもらい、自分は発電した電気を消費するという仕組みで、太陽光発電設備の設置費用をかけることなく発電した電気を使用できるようになります。鳥取県は地元の発電事業者や地域新電力等と連携して取り組むこととし、家庭への導入に向けて、地元発電事業者等の支援制度を令和４年度に実施します。

また、「とっとり健康省エネ住宅普及促進事業」という事業がございます。

とっとり健康省エネ住宅、ネスト（ＮＥ－ＳＴ）と呼んでいますが、鳥取県では国の省エネ基準を上回る高い省エネ基準を設けていまして、新築住宅に推奨することとしています。今後、取り組んでいただける方に一定程度の助成制度を設けるとともに、さらに県産材を使用して建てていただけるならさらに上積みしますよ、ということでこのＮＥ－ＳＴという制度を普及させていこうとしています。

さらに令和4年度は新築のみならず既存住宅の改修でも活用できるようにしようとしていますし、アパート等の集合住宅でもＮＥ－ＳＴのような基準が導入できないか、モデル的に支援してみようという取組みを行います。

その他にも環境の関係でいきますと、鳥取県はこれまで森林の「間伐」、つまり間引いた木を木材として活用することに力を入れてきましたが、どうしても施業地が林道から入りやすい場所に偏り、奥地にある森林は手つかずの状態で残ってしまい、CO_2の吸収力もどんどん弱ってきていますので、森林を若返らせていくことが必要です。

そのためには「皆伐」と言いまして木を全部一遍に切ってしまう、そしてまた植え直す、こういった取組みをやっていかないといけないことは頭では分かっていても、木を切って搬出した時点では山の持ち主の儲けにはなりますが、植えてから次の木が成長するには40～50年がかかり、その期間の保育コストでトータルでは儲けがないわけです。そういったところでの抵抗感があり、なかなか進まないということがありますのでそこを支援しようと。木を切ったあとに残る枝葉や大きな切り株など林地残材の搬出を支援することで、バイオマス燃料としても有効利用し、再造林のコストを抑える。また、現状鹿がたくさんいて、せっかく植えた苗が食べられてしまうため、罠などを仕掛けて捕獲を試みている森林組合もありますが、コストも手間もかかるので、ＩＣＴを使い手間を減らすなどの支援をすることによって皆伐再造林を推進していきます。このことでCO_2の吸収力も結果的に高まっていく、という取組みを令和４年度にしていきます。

次に地域づくりの関係です。

農業の分野では、農業の担い手不足ということで持続可能にしていくためには「省力化」「効率化」などの「スマート農業」が注目され、推進されています。このような他県で既に実証されている技術を横展開させ、鳥取県でも普及させていこうということで、自動操舵トラクターや電動アシストスーツなどスマートな技術を導入する事業体を支援しようという取組みを令和４年度実施します。

最後になりますが、地域を維持するためには地域交通の維持が必要になってきます。

そこにデジタルを活用し、「ＭａａＳ」という複数の交通手段を１つの移動サービスとして検索、予約、支払いまで一気通貫で行うサービスを地域交通に導入することで、利便性を高め利用者を増やし、地域交通の維持に努めようという取組みも令和４年度実証的に行います。

具体的には若桜町、八頭町等においてを想定しており、３セク鉄道、ＪＲ、バスなどを共通で利用できる共通パスを作る取組み等が検討されています。併せてバス情報のオープンデータ化、つまりバスがいまどこを走っているかスマホやサイネージで分かるといった取組み、キャッシュレス化への取組みなどの実証的な取組みを行います。

今までお話したような取組みが県でのＳＤＧｓ関連の事業でございます。

柳谷　ありがとうございます。

大変多岐に渡って計画をされていると感心しました。

せっかくＳＤＧｓ関連の施策がたくさんあるので、県民に県がこれだけ頑張っているので民間も協力してくださいね、などプレスリリースなどはお考えですか？

課長　残念ながら、今のところ考えていないですが当然予算自体は令和4年（2022）2月にアナウンスし、報道でも鳥取県の予算が伝わっていると思います。

目玉施策などは財政課を通じてプレス発表させていただいています。

また、SDGsとして切り取ってアナウンスはしていませんが、本県として、内閣府が2024年度までに210の自治体を未来都市として選定する「SDGs未来都市」への提案を予定しております。鳥取県でも既に日南町と智頭町、鳥取市が認定されていますが、遅ればせながら県でも提案をしようと準備を進めており、先ほどご紹介したSDGs関連事業をやっていますよ、ということについてはきちんと計画に盛り込みますし、選定されたら計画を公表しないといけないので、そういったことを通じてアナウンスしていければと考えています。

選定には高いハードルがあるのでお約束はできませんが、現在鋭意作業中であります。

柳谷　ありがとうございます。

選定される勢いでやっていただけると有り難いですね。

また、予算の見せ方として、各部局でこのような予算があって、というのはありがちなことですが、せっかく鳥取県がＳＤＧｓ先進県でございますのでＳＤＧｓとしての括りで予算を見せることも検討いただいたら伝道師としても嬉しい限りです。

他に、この取組みはぜひ、言っておきたい特徴的な取組みだ、というのがありましたら課長さんから総合的にお話しいただけますか？

課長　柳谷理事長より事前に、ネットワークや色々な取組みをしているが県民にまだ浸透していないのではないか、県民に対して普及啓発して県民から何らかのリターンが得られるようなアプローチはないのかというご質問をいただいていました。

これに対して県では「デジタル支えあいポイント制度」を創設します。これは当課で行っておりますす普及啓発のイベントでありますとか研修会、ネットワークやパートナー登録者が行うイベントや、他のステークホルダーが行う色々なＳＤＧｓ関連の取組みに県民の方が参加いただいたらポイントを付与しようとしております。具体的には電子マネーで付与するというものです。国がマイナポイントを使うプラットフォームを持っていますのでこれを活用していこうと思っています。

これについてはＳＤＧｓポイントだけではなく、鳥取県らしく「支えあいポイント」と銘打って、直接的なＳＤＧｓの取組みへのポイント付与に加え、関連する取組み、例えば男性の家事参加や役割分担についての研修会・セミナーに参加した際にポイントを差し上げる。あとは健康ですね。健康維持もＳＤＧｓで大切です。自分が歩いた距離に応じてポイントが付与される制度は鳥取県で既に行っていますが、歩く以外の取組みについてもポイントを付与したらどうかと検討しております。

また、県内の学生さんの就職、あるいは県外に出ていった学生さんに鳥取県に戻って来ていただくために「とりふる」というアプリをインストールしてもらったらポイントを付与するなど、アプリがあれば県外の学生さんにも鳥取県の情報が届き、いい仕事があれば鳥取に帰ってみようかな、となるような仕組みは既に用意していますので、付与するポイントをマイナポイントを使ってやっていこうかと考えています。このように、１回ポイント付与のプラットフォームを作ってしまうと色々な場面で使えますので、令和４年度構築していこうと考えています。その中に先ほど触れた

ＳＤＧｓポイントの制度がございます。まずは個人の実践に訴えかけていこうと思います。

その他にも普及啓発については、『鳥取県民手帳』があります。やはり県民個人レベルでもＳＤＧｓのために何をしたらいいのか分からない方がいらっしゃるかもしれませんので、簡単なこと、例えばこまめに電気を消しましょう、コンセントを抜きましょう、買い物にはマイバッグを持っていきましょう、出かけるときは自転車や公共交通機関を利用しましょうなど、ちょっとしたＳＤＧｓの取組みの実践例を『鳥取県民手帳』に掲載させていただく予定です。

こういった取組みを行い県民の皆さんの実践に訴えかけていこうとしております。

柳谷　すごいですね。

今、色々お聞きして私も知らなかったような取組みがあるな、『鳥取県民手帳』も来年度は買わせていただきたいなと思いつつ聞いておりました。

ブランド総合研究所の２年連続ＳＤＧｓ先進県全国№１達成で平井知事から何かお褒めのお言葉等はありましたか？

課長　残念ながらそのような言葉はないのですが、これは去年の6月28日に公表され、知事に報告するとその翌週の知事会見において鳥取県が2年連続1位に選ばれましたということを言及されました。その後も色々な講演の場でこのことには言及されておられますし、先般、理事長さんとのインタビュー時にも言及されておられましたので、喜ばれているのではないかな、と考えております。我々としても嬉しい限りです。

柳谷　やはり県民にとっても非常に名誉なことですので、色々な見方はありますが名誉なことに間違いはないので、色々なところで発信いただければ幸いです。

最後に、外務省の「２０３０アジェンダの履行に関する自発的国家レビュー２０２１」[※1]による8つの優先課題について、県の予算編成時にＳＤＧｓ推進課から各課に対して予算措置などの注文を出されましたか？

課長　鳥取県は、平井知事が就任されてから「政策主導型予算編成システム」を導入しております。他県ですと各事業課が予算要求し、財政課が査定してそれを知事まで上げて決まるという仕組みですが、鳥取県の場合、重要な案件は複数の部局をまたがる場合も多いため、県の幹部で自分の所管以外の施策も部局横断的に練り上げる必要があるのではないか、ということで政策主導型予算編成システムを導入していま す。これによると年内は練り上げの期間で1月から財政課が査定する、ということとしています。練り上げの期間は我々企画担当部局が予算編成を主導してアイデアを出していくという仕組みで回していまして、その主たるものが「政策戦略会議」です。この会議を予算編成開始時に行い、今年度はこのようなことが主要なテーマになりますよね、というタマ出しを当方から提起させていただきます。

例えば、「デジタル」や「脱炭素」「女性活躍」「教育の質の向上」といったSDGsに資するようなテーマを当方から来年度の予算テーマとして必要ではないですか、と投げかけをして予算編成スタートとなります。その後も当方が各部局と練り上げながら予算編成を行っていきますので、予算措置に注文をつけるまでのことではないですが、テーマの投げかけを行い、こういう事業は必要ですよね、ということで検討いただいております。

柳谷　ありがとうございます。大変勉強になりました。

※【「2030アジェンダの履行に関する自発的国家レビュー2021」による8つの優先課題】

・あらゆる人々が活躍する社会・ジェンダー平等の実現
・健康・長寿の達成
・成長市場の創出、地域活性化、科学技術イノベーション
・持続可能で強靭な国土と質の高いインフラの整備
・省・再生可能エネルギー、防災・気候変動対策、循環型社会
・生物多様性、森林、海洋等の環境保全
・平和と安全・安心社会の実現
・SDGs実施推進の体制と手段

「顔が見えるネットワーク」を活かせる、SDGsはまさに鳥取の得意分野です

理事長
柳谷 由里

H16学校法人米子自動車学校、学校法人かいけ幼稚園の理事長に就任。R3からはSDGs手当を創設するなど、本気の環境保護活動を推進中。

鳥取県知事
平井 伸治

S59自治省(現総務省)に入省し国内勤務の他、アメリカへの派遣を経験。H11鳥取県庁へ出向し、総務部長を経てH13副知事に就任。H19知事初当選。現在4期目。

柳谷理事長(以下「柳谷」)

柳谷理事長(以下「柳谷」) 鳥取県がここ最近2年続けてSDGs先進県として全国で1位になっていることを受けて、これは官民で力を合わせた結果ではないかな、と思っております。そのあたりについての知事のお考えであったり、県の取組みをお聞かせください。

平井知事(以下「知事」)

柳谷理事長にはこの度「とっとりSDGs伝道師」に

なっていただき心から感謝申し上げたいと思います。

このように皆で力を合わせてＳＤＧｓという持続可能な世界、地域を作っていく、これは我々鳥取県の得意分野ではないかと思いますし、私たちの深い感性と私たちの長い歴史の中に根ざしたもともとある文化なのかもしれないと思っています。

つまり「絆社会」でありまして、我々は支え合って生きていく、ということを山陰の人間として継承してきました。

今も新型コロナで大変な中、お互いに助け合いながら全国で最も感染レベルを低く抑えようとしているところです。柳谷理事長には、こども園など感染リスクが高い中で体を張って子どもたちを守ってもらっているわけで、このようなことをそれぞれがやっていくことが、子どもを守ったり、貧困から救い出したり、世界における地球環境の問題、脱炭素化などへ向かっていく原動力になるのではないかと思います。

私たち鳥取県は、そのような思いの中で“leave no one behind”、誰一人取り残さない、そういう国連が掲げる信念に心から協調して私たちもＳＤＧｓに取り組んでおります。

幸いにして、このように伝道師を引き受けていただいた柳谷理事長、企業や団体の皆様、関係者の方、そして子どもたち、皆がパートナーとして動いてくださっています。私たち、ブランド総合研究所に、ＳＤＧｓに最も取り組んでいる県として評価をいただきました。

このような結果になったのも、このような県民性のおかげと思い感謝しております。

柳谷　ありがとうございます。知事がそうやってリーダーシップを取っていただきＳＤＧｓを進めていこうと言っていただいたおかげでありまして、私たち民間も感謝しているところでございます。

そのような活動をお進めになる中で色々ご苦労もあったのではないかと存じます。県庁の中で、鳥取県は新時代・ＳＤＧｓ推進課、という組織も立ち上がっておりますが、ご苦労されたことを教えていただけたら幸いです。

知事　ＳＤＧｓの概念自体が、17のゴールがあり非常に分かりにくい、浸透しにくい、ということがあるんだろうと思います。

そういう中で、これは得意分野、これはぜひともやらなければならない分野、という

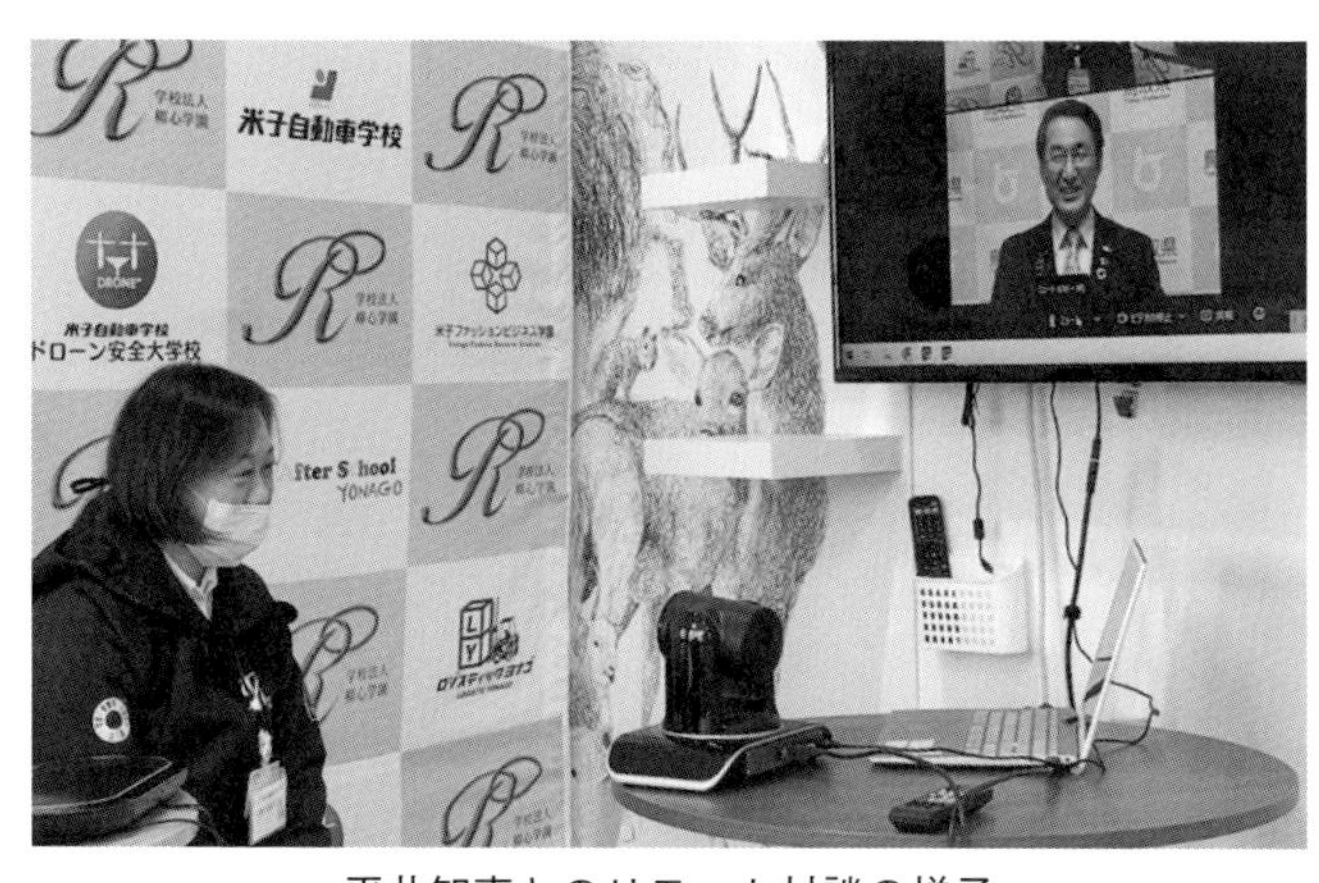

平井知事とのリモート対談の様子

のを具体的な政策、あるいは住民の皆さんや団体の活動に結びつけていくことが大切です。

それらの全体をまとめるのがパートナー企業さんや伝道師さんの動きになってくるんだろうと思います。

おそらく、鳥取は分かりやすいことをこれまでもやってきたと思います。

ＳＤＧｓでは、例えば子どもたちのこと、貧困のことなどを扱っていますが、今、こども食堂の数が飛躍的に増えています。現状、コロナ禍で活動しにくい状況はあるものの、鳥取県では比較的活動を拡大してきています。例えば食材の供給をシステマチックに全県的に行うネットワークも構築されてきています。こういうところに例えば生協や様々なＮＰＯ法人に関わっていただくであるとか、ワーカーズコープの皆さんであるとか、色々な方が協力してくれたり、あるいはスーパーマーケットも協力してくれたり、という動きがあります。

こういったことを一つひとつの分野でやっていくことではないかなと思います。

障がい者対策もこのＳＤＧｓの重要な領域ですが、こういうところでは「あいサポート運動」というのを、鳥取県では平成21年（２００９）の11月に立ち上げました。平成23年（２０１１）には島根県にも共同事業として取り上げていただき、今や国内外に広がっています。サポーターとして障がい者のちょっとしたお手伝いをしようという有志の方、ボランティアの「あいサポーター」の数は今では58万人と、鳥取県の人口を上回るようになっています。これも鳥取発祥の事業でございまして、ＳＤＧｓの一つのジャンルとして大きな意味を持っているのではないかと思っております。

また、柳谷理事長にも大変お世話になったのは「ワーキングウーマンの集い」[※1]、であります。

こういう男女共同参画、ジェンダーの問題というのもＳＤＧｓの重要なテーマであります。

民間だ、行政だ、というのではなく、地域を挙げてそれぞれにできることを進めていこうと、それも横の連携、ネットワークを作ってやっていこうというワーキングウーマンの集いのような活動が活きているんだと思います。

鳥取県も、先ず隗より始めよ、で県庁の中で女性管理職を増やそうとして参りました。私が就任したときには女性管理職は７％でした。今は22％まで上がりました。長い期間トップだった東京都を抜きまして、女性管理職が最も多い県になりました。

中小企業を始めとして民間の皆様にも呼びかけをして、例えば商工会議所とか色々な団体、女性のネットワークに協力していただき、今では中小企業を含めたところで４分の１以上は管理的地位に女性がおられる、というように企業は変わってきています。急速に変わっています。

このような形で男女共同参画も含めて17のゴールそれぞれに、具体的な結果が出せるように皆が一致団結して、協力していくことがポイントなんだろうと思います。

ただ、これをやっていくのは非常に難しいことだと思いますが、鳥取県は言わば「顔が見えるネットワーク」と言いましょうか、皆、知り合い同士の「輪」ができるんですね。大都会では、例えば女性団体であるとか、経営者の集団であるとか、学者さん、皆それぞれバラバラにいますけれども、鳥取県ではどうかと言いますと、柳谷理事長をはじめ、大学の先生や市町村の首長さん、皆一つのネットワークの中にいる。だからお互いに声を掛けると協力し合う。先ほどのワーキングウーマンの集いも、これは経済同友会であるとか経済団体も一緒になってやってくれる、おそらく、こういうようなことは他の地域では難しいと思います。

そういう意味でこのような顔が見えるネットワークを活かすことで、他地域では難しい、SDGsをまとめあげて地域一丸となっていくことにチャレンジできるのではないかと考えています。

柳谷　ありがとうございます。17のゴールすべてに生活や経済活動が入っている内容になっていますが、知事として最終的にこんな鳥取県にしたいな、と理想として思っておられることを教えていただけたら大変光栄です。

知事　ＳＤＧｓのゴール一つひとつは一種の理念なんだろうと思います。

しかし、それぞれが重要なことでありまして、私達が普通に企業活動をしたり、あるいは日常の暮らしの中で自然とＳＤＧｓのマインドが生まれ、実行できていく、という言わば予定調和的なＳＤＧｓの推進があったらいいのではないかと思います。

例えば、自然の問題がそうだと思います。皆さん日頃やっていることの延長の中で動いていくことがあると思います。

例えば、私ども平成22年（２０１０）の大晦日の頃から平成23年（２０１１）の頭頃まで鳥取県の西部あるいは中部を中心として大雪が降りました。その際、国道４３１号沿いの松の木がボキボキに折れました。そこで「弓ヶ浜・白砂青松そだて隊」というボランティアを呼びかけましたところ、沿線の地域の皆さんが集まって来られ、だんだんとこれがアダプトプログラムのような、地域のそれぞれの団体が動くようなプログラムに発展していったわけですね。これは例えば米子の和田のあたりで言えば、以前から松の手入れなど地域のことを皆さんでやられていた、そういうことの延長の中で自然と、あんなに松が無茶苦茶になったらもう１回植え直っしょいや、と。そのように立ち上がってくれたということが実態なんだと思います。

もちろん我々も呼びかけましたけれども、住民の皆さんも自然と集まってきてやっていく、このような姿が鳥取らしいＳＤＧｓなのではないかなと思います。

柳谷　ありがとうございます。

先ほどから知事が「顔が見えているつながり」というのを活かして、という表現が多数出ております。それが鳥取県としての良さなんでしょうね、と思いながら聞いておりました。

知事がＳＤＧｓを推進するに当たって、こういうところは参考になるな、とか気にしてらっしゃる、ベンチマークとしての他の都道府県とか国の取組みなどはございますか？

知事　やはり、これは世界的な運動で、海外の団体であるとか、特に若い人たちがどのように動かれるのかというのは非常に関心を持つところであります。

特に環境推進活動など世界の中で考えていかなければなりません。そういう意味で私たちもそういうことを参考にして、日本も頑張らなきゃいけないし、鳥取県も、鳥取県民の皆様にもお力をいただきたいということはあるんだろうと思います。

例えばＣＯＰの会議で議論が交わされた地球温暖化対策の気候変動の枠組みの中でどのようにＣＯ$_2$を減らしていくのか、これは重要なベンチマークとして他国が取り組んでいること、他地域が取り組んでいることは、私たちも同じ地球の中にいる限りは考えていかなきゃいけないだろうと思います。そういう意味で鳥取県も昨年度末、これについてはしっかりとした目標を立てようと、色々と皆さんのご意見も聞きながら２０３０年には60％のＣＯ$_2$の削減をしようとベンチマークの設定をしました。

国連の前の事務総長の言葉にこのような言葉もあるわけでございます。

There is no "plan B", because we do not have a "planet B".

プランＢはない。なぜならば、私たちにはもう一つの惑星はないからだ。

ということですね。

Plan BとPlanet Bをかけているわけですが、「Planet B」つまりもう一つの地球はないのだからPlan Bはない。だからＣＯ$_2$を減らすのなら、それは絶対にやらなきゃいけないということなんですね。

そういう意味で私たちはそうしたベンチマークの設定とか他地域の取組みとかとつながっていることを意識したいと思っています。

柳谷　ありがとうございます。大変参考になるお話でした。

この度、この鳥取県の取組みをもう少し色々な企業経営者さんにも知っていただきたいな、と思い著書にするわけですが、何件かインタビューに伺い、お声を聞かせていただく中でＳＤＧｓって毎日のように聞くようになってうちの会社も何かせんといけんのだけれども、何をやったらいいのだろう?という経営者さんの声があちこちで聞こえて参りました。

これからＳＤＧｓに取り組もうと考えている企業経営者さんに知事からアドバイスをいただければ幸いです。

知事　やはり、その企業が持っている得意分野だとか、成し遂げたい目標とかがあると思います。今は従業員の皆様の活躍の場がしっかり担保されるように、いわば勤務条件と言いますか、福利厚生のようなことも、若い人たちを引きつけるうえで非常に重要なことであります。そのような色々な企業の戦略と結びつけて結構だと思いますが、そうしたジャンルを考えていただいて、それぞれ挑戦していただき、できればとっとりＳＤＧｓパートナー企業として私たちとつながっていただけると非常にありがたいと思います。

現在、新型コロナウイルスの厳しい嵐が吹き荒れたところでございます。これで私たちは「健康」ということにもう一度思いを致すようになったと思います。例えば職場で空気清浄機を買ったり、パーティションとかそういうことに加えて消毒を一生懸命やって、これは実は健康管理をしていくことでもあります。

ＳＤＧｓの中には健康を守るということも重要なテーマになっており、感染症対策はその最たるものです。

今でも企業様は取り組んでおられると思いますが、そういった企業様の取組みが全部組み合わさることで鳥取県全体の予防の能力が高まって皆が安心できると。企業の従業員の皆さんもそうですが、会社が守られることでご家族の健康とか、そのご家族とつながって高齢者施設の大切な命が守られるようになってくる、これが感染症の分野なんですが、このようにそれぞれが取り組んでいく、また、できれば地域の貢献につなげていくことがあると思います。

それから非常に重要なこととして、世の中全体のトレンドとしては、例えばデジタル化なども援用しながら、環境、脱炭素化というのはやっていかなきゃいけない。目に見え難いんですが、それぞれの企業さんでも取り組めることはあると思います。例えば太陽光発電を活用してみようかとか、ちょっとした資源の管理、例えば、今プラスティックを使っているところを地元の県産材を使ってみようかとか、色々とやりようはあると思います。

そんなに難しいことではないと思いますので、それぞれの企業の戦略の中で考えていただけたら本当にありがたいと思います。

柳谷　ありがとうございます。

鳥取県はパートナー制度をいち早く立ち上げ、私たちも名前を連ねさせていただいておりますが、パートナー企業さんの数も増えて参りました。

例えば今後、パートナー企業の研鑽の場の設定など知事として何かお考えのことはございますか？

知事　パートナー企業さん、だんだんと増えてきて、皆でＳＤＧｓを広げていこう、というのは大変有り難いことだと思います。そんな中、実は世界全体の中で金融の仕組みも変わり始めています。パートナー企業でＳＤＧｓフレンドリーな企業さんとして認証すると。色々なプログラムを考えまして企業認証して情報開示をしたりする。これが有利な融資を得るために必要になってくる、ということです。

これは、地元の金融機関も同じ考え方を持っておられまして、そういうところと一緒になりまして、この４月から新しい「ＳＤＧｓ企業認証制度」というのを全国の都道府県で初めて、鳥取県で導入いたしました。こんなこともぜひ、使っていただけたら有り難いなと思います。

それ以外でもパートナー企業さんが取り組めることがあると思います。

例えば米子自動車学校さんでは、森を守ろうということでカーボンオフセットクレジットにご協力いただいております。先ほどご紹介申し上げた「あいサポート企業」にも参加していただきました。

これはそれぞれそんなに予算が掛かることではございませんので、ぜひ、このような

ＳＤＧｓに貢献するような仕組みが企業さん向けにもあるということを、我々もＰＲさせていただきたいと思いますし、パートナー企業の皆さんにも関心を持っていただいて、ご協力いただけると大変ありがたいと思います。

柳谷　新しい取組みに関しても大変楽しみに思うところです。

本日はお忙しいところ鳥取県のＳＤＧｓについてのお話をありがとうございました。

※１【ワーキングウーマンの集い】……平成28年（２０１６）設立の島根県、鳥取県で働く女性が中心となって地域活性化を推進しようと活動する任意団体。「地域力×女性力＝∞」を理念としている。島根県、鳥取県の両県知事夫人を顧問に迎えた。

あとがき

とっとりからＳＤＧｓを！

私は、鳥取県を愛する中小企業経営者です。鳥取県の皆さんが好きです。鳥取県の日本海あり大山ありの自然が好きです。

そんな鳥取県がＳＤＧｓ推進県として２年連続で全国１位との知らせを聞き、とても嬉しく思いました。鳥取県民の人間性の良さと真面目さがもたらした象徴的な結果だなぁ……という第一印象を持ちました。

ちょうどその頃、齢60歳を目前として、仕事をしてきた証を残しておきたいとの思いを持っていました。ここまで20年間、仕事させていただけたのも地域の皆様のおかげであることは間違いありません。そして、それは環境のなせる業でもあるので、鳥取県の皆様と鳥取県の自然環境に大いに感謝の気持ちを感じておりました。私は元来、鳥取県が大好きです。鳥取県の良さをもっと広めたいと日頃から思っていました。そんな折に、鳥取県がブランド総合研究所のＳＤＧｓ推進県に２年連続で全国１位となったニュースにふれたのです。

弊社においては、経営の中心にＳＤＧｓを据えて計画や制度設計をしております。また、鳥取県内には、ＳＤＧｓの取組みをされている企業が多くあります。県内企業経営者の中には、「社会の一員である企業として、ＳＤＧｓに取り組まないことは考えられない！」とおっしゃる方もいらっしゃいます。各社、特色をもった取組みをされており、これから取り組もうと思っておられる企業様にもヒントになることが多くあると思います。

鳥取県が推進県となった背景には、行政の皆様のご努力も大きなものがあります。そもそも担当部署名が「令和新時代創造本部 政策戦略監 新時代・ＳＤＧｓ推進課」です。この名称に平井伸治知事の熱い思いが感じられます。

頼もしい平井知事のリーダーシップとそれを真摯に実行してくださる県庁のスタッフの皆様、そして地域の発展のために頑張る地元企業の三者の努力が相まってこの嬉しい成果が得られたと言えるでしょう。

最後にはなりましたが、順不同にて取材に大変快く応じてくださった県内６つの企業の代表者様、担当部署の皆様、また、コロナ対策等でお忙しいなか単独インタビューの時間を割いていただいた平井伸治知事様、林　公彰 県庁令和新時代創造本部 政策戦略監 新時代・ＳＤＧｓ推進課長様、関係部署の皆様、当著作の作成に多大なるご尽力をいただいた今井書店グループの方々を始めとする皆様に心から感謝を申し上げるとともに、この著作が鳥取の、日本の中小企業のＳＤＧｓ取組みへの指針となり、ＳＤＧｓが広く国民みんなに拡がり、次世代、次々世代まで地球という素晴らしい財産が輝かしい存在として残るよう、心より祈念いたしまして結びの言葉とさせていただきます。

最後まで読んでいただき、誠にありがとうございました。

拝

著者プロフィール

柳谷 由里

昭和37年（1962）６月24日鳥取県米子市生まれ。60歳。

平成16年（2004）３月より学校法人米子自動車学校、学校法人かいけ幼稚園の理事長に就任。

平成31年（2019）４月より米子自動車学校から柳心学園へ法人名を変更。

令和３年（2021）４月より学校法人かいけ幼稚園の会長就任。

国士舘大学文学部卒業後、大手外食チェーン総務部に勤務、結婚により退職後17年間専業主婦。一女を育てる。41歳の時、経営者となる。

就任時、組織に蔓延している「やらされ感」に危機感を覚え、今日まで18年間組織改革をし続けてきた。

令和３年（2021）10月からは、SDGsへの取組みが給与に反映されるSDGs手当を創設。本気の環境保護活動を推進中。

とっとりSDGs
—もう始まっている地元企業の取組みを紹介します—

2022年9月1日発行

著　者　柳谷 由里

発　行　学校法人 柳心学園
〒683-0845 鳥取県米子市旗ヶ崎2丁目15-1

発　売　今井出版

印　刷　今井印刷株式会社
製　本　日宝綜合製本株式会社

ISBN 978-4-86611-300-5